Reihe Praxisforum Medienmanagement

herausgegeben von
Prof. Dr. Mike Friedrichsen und
Prof. Dr. Wolfgang Mühl-Benninghaus

Band 17

Christoph Anzenbacher

Audiologos

Integrative Gestaltungsmaßnahmen vor dem Hintergrund der Musikpsychologie

Nomos

Die Deutsche Nationalbibliothek verzeichnet diese Publikation in der Deutschen Nationalbibliografie; detaillierte bibliografische Daten sind im Internet über http://dnb.d-nb.de abrufbar.

ISBN 978-3-8329-7149-6

1. Auflage 2012

Inhalt

Einleitung

Nur wer deutliche Signale gibt, der findet Gehör und

kann sich von der Konkurrenz absetzen.

Musik ist allgegenwärtig und man kann sich ihr nur kaum entziehen. Als ein wichtiges Kulturgut ist sie ein fester Bestandteil des Alltags. Musik und Klang erzeugen seit jeher kulturübergreifend Erlebniswelten und bergen gleichzeitig eine einzigartige Bedeutung für das Individuum in sich. Diese Bedeutung geht auf Erfahrungen und kollektives Wissen zurück. Aufgrund großer Beliebtheit und leichter Empfänglichkeit dient Musik daher als gängiges Medium zur Kommunikation von Bildern, Werten oder anderen bedeutungsvollen Inhalten.

Für das Anpreisen von Marken und Produkten kann das bedeuten, mittels akustischer Kommunikation, in einem Klang bestimmte Werte einer Marke zu verkörpern und so das eigene Image zu transportieren. In Anbetracht akkumulierender Konformität kann das ein Wettbewerbsvorteil sein. Das macht sich die Werbung mit der Verwendung von kreativen Formen von Musik und zweckmäßigen akustischen Maßnahmen zunutze.

Aber wie klingen eigentlich bestimmte Marken? Wie können deren Werte akustisch umgesetzt werden und wird ein Klang oder eine kurze Tonfolge überhaupt der Gesamtheit einer Marke gerecht? Diese Fragen können nur schwer beantwortet werden, da sowohl unterbewusste als auch bewusste Vorgänge der auditiven Perzeption oft subjektiv und in einem komplexen Gefüge agieren. So fällt es schwer, sich beispielsweise abstrakte Begriffe wie *Professionalität* oder *Vertrauen* vorzustellen und dazu spontan eine passende Emotion oder gar einen Klang zu definieren. Wahrscheinlich auch deshalb, weil solche ganzheitlichen Werte nicht in unserem emotionalen Standardvokabular vorhanden sind. Dennoch wird im Marketing erfolgreich versucht, mithilfe akustischer Markenführung potentiellen Konsumenten bestimmte Markenwerte – verpackt in Musik und Klang – zu unterbreiten. Zu einer immer beliebter werdende Maßnahme zählt die Form des **Audiologos** – ein nur wenige Sekunden langer und prägnanter akustischer Repräsentant einer Marke. In Bezug auf die Vermittlung der Markenwerte sowie des etymologischen Ursprungs könnte sich dieser Terminus mit *ich höre den Sinn* adäquat übersetzen lassen.[1]

Um die Zusammenhänge zwischen Markenkommunikation und Perzeption akustischer Gestalten zu erkennen, werden in diesem Buch musikpsychologische Erkenntnisse behandelt, die als Gestaltungs-kriterien von Audiologos herangezogen werden. Ob sich daraus besondere Formen erkennen lassen, wonach ein Audiologo leicht zu erinnern oder wiederzuerkennen ist und inwieweit sie an die Maßnahmen der akustischen Markenführung gebunden sind, soll im Folgenden näher betrachtet werden. Aber die Konzentration auf die Musik alleine reicht nicht aus. Auch die genannten Maßnahmen heißt es zu kennen und anzuwenden, um mit einem Projekt zum Erfolg zu kommen. Doch Recherchen im Vorfeld dieses Buches haben ergeben, dass in der heutigen Markenführung nur vereinzelt strukturierte akustische Konzepte vorliegen, die als strategisches Instrument in der Markenbildung agieren. Die Marketingpraxis verhält sich noch distanziert gegenüber dem zielgerichteten und strategischen Einsatz von Musik im Sinne einer ganzheitlichen Klangwelt einer Marke. Das basiert meist auf mangelnder Kenntnis der Möglichkeiten der akustischen Markenführung, die sowohl beim Kunden als auch beim Kommunikationsexperten anzutreffen ist, denn auch für die diversen Ausbildungszweige ist dieses Thema Neuland. Nur nach und nach halten adäquate Inhalte Einzug in die Lehre. So können durch verbessertes Wissen Markenverantwortliche für diese Thematik sensibilisiert werden. Vermehrtes Wissen hat zudem den praktikablen Neben-effekt, die noch resultierenden Schwierigkeiten bei der einheitlichen Begriffserklärung von Gestaltungs- und Konzeptionsprozessen weiterzuentwickeln und zu standardisieren. Aus heutiger Sicht und unter Berück-sichtigung aktueller Literatur über akustische Markenführung sind transparente Erkenntnisse über die Wirkung von Markenklang zwar eher dünn gesät und kaum empirisch erforscht. Dennoch kann ein stetiges Wachstum in diesem Bereich sowie eine zunehmend qualifizierte Herangehensweise beobachtet werden.

Der Mangel an strukturierten und integrativen Konzepten lässt sich, wie genannt, durch eine geringe Anzahl an theoretisch fundierter wissen-

1 AUDIOLOGO: audio (lat. ich höre), logo (griech. Sinn).

schaftlicher Literatur erklären, auf die sich Werbende stützen können. Deshalb spielen theoretische Ergebnisse in der Werbepraxis nur eine geringe Rolle. Es ist mühsam, aus vielen einzelnen Erkenntnissen verschiedener Fachrichtungen geeignete und ganzheitliche Ratschläge zu kreieren. So wird sehr häufig nach dem Trial-and-Error-Prinzip vorgegangen und das Bauchgefühl entscheidet über den Einsatz auditiver Elemente. Ebenfalls ist die Vernachlässigung der Wirkungsprüfung akustischer Reize und deren Einfluss auf die Markenbildung und Markenstärkung schwer nachvollziehbar, ist sie doch von hoher praktischer und theoretischer Relevanz. In der werbemusikalischen Forschung präsent sind hauptsächlich die Wahrnehmung der Musik und allgemeine emotionale Effekte. Sie bezieht sich meist auf Werbemelodien längerer Dauer, wie Jingles und Hintergrundmusik. Untersuchungen von Musik als Mittel zur Kommunikation auch außermusikalischer Bedeutungen wird aber in der Vergangenheit, mit wenigen Ausnahmen, vernachlässigt. Ebenfalls lässt sich eine wissenschaftliche Auseinandersetzung mit der Wirkung von kurzen Tonfolgen und Einzeltönen, wie sie beim Audio-logo zu beobachten sind, in der Literatur nur sehr selten finden.

Der Mangel an geeigneter Literatur kann wiederum auf die Komplexität der hier aufeinander wirkenden Wissenschaften zurückgeführt werden. Bei der Musikwahrnehmung sind das hauptsächlich die Psychologie und die Musikwissenschaft. Im Falle des Audio-Branding im Sinne von Werbemusik bzw. Corporate Sound muss die Werbe- und Konsumentenpsychologie und Aspekte des Marketings ebenfalls berücksichtigt werden. Da hier ein einheitlicher Wissenschaftsbegriff fehlt, zeigen sich Schwierigkeiten einer zusammenhängenden Theoriebildung (vgl. Bruhn/Oerter/Rösing 2002, 13). So bewegen sich die einzelnen Forschungen, z.B. über „Musik als akustische Struktur [und] Musik als Phänomen menschlichen Erlebens“ (ebd., 15) selten aus ihrem kleinen Teilgebiet heraus, auf Kosten des ganzheitlichen Überblicks über die Thematik.

Während die Wirkung von Markennamen und Markenbildern bereits mittels zahlreicher empirischer Ergebnisse erforscht ist (einen Überblick bietet Langner 2003, 307; Esch & Möll 2005, 61ff.), gilt es nun das Feld des Marken*klangs* zu entschlüsseln. Leider kann die Wirkung visueller und verbaler Reize nicht ohne weiteres auf die auditive Wirkung nonverbaler Reize projiziert werden. Auch wenn das einige Gestalten zulassen, ist die Verarbeitung akustischer Reize im Gehirn eine andere. Im Falle der auditiven Wahrnehmung erschweren zudem verschiedene Rahmenbedingungen allgemeingültige Aussagen über die Musikwahrnehmung in emotionaler sowie kognitiver Hinsicht. Es lässt sich also keine alleinige Antwort auf die Frage nach den Wechselbeziehungen zwischen Musikwahrnehmung und Emotion finden. Art, Ausmaß und Richtung dieser Wechselbeziehungen sind in Abhängigkeit von zahlreichen äußeren Faktoren unterschiedlich.

Aufgrund der genannten Umstände ist es das Ziel dieses Buches, einen umfassenden Einblick in die Thematik der akustischen Markenführung zu geben und zu erörtern, wie akustische Ereignisse bzw. Klänge gezielt für eine Marke genutzt werden können. Der Autor orientiert sich überwiegend am deutschsprachigen Markt und bemüht sich um eine universelle Darstellungsweise. Allerdings richtet das Buch, im Vergleich zu vielen anderen Publikationen, auch stellenweise den Fokus auf Österreich (z.B. Markenrecht).

Eine interdisziplinäre Annäherung beabsichtigt das Erkennen von Gestaltungskriterien und -tendenzen, die zur Orientierung beim Kommunikationsprozess dienlich sein können. Besonderes Interesse gilt der Frage nach Besonderheiten in der akustischen und musikalischen Gestaltung von Markenklang. So soll ein umfassender Literaturvergleich Aufschluss über die Aktivierung, Erinnerung, und Assoziationsbildung beim Rezipienten geben. Denn daraus lassen sich wichtige Hinweise für die Anforderungsmerkmale des Audiologos ableiten. Der Einbindung musikwissenschaftlicher Ergebnisse und musikalischer Parameter wird zunächst Potential zugeschrieben, wobei über deren Qualität erst unter Berücksichtigung zahlreicher verknüpfter Faktoren geurteilt werden kann. Dennoch wird dieser Versuch unternommen, um Fragen der Interaktion von Perzeption und Markenbildung zu erörtern. Aus der Praxiserfahrung haben sich bereits Richtlinien hinsichtlich der Gestaltung von Audiologos und anderen Elementen des Audio-Branding in einem Trial-and-Error-Prinzip etabliert. Da aber nur wenige dieser Maßnahmen einen fundierten Hintergrund aufweisen, werden sie hier speziell aus dem Blickwinkel der Musikpsychologie diskutiert.

Aufbau des Buches

Als Einstieg folgt im ersten Kapitel die Beschreibung des Terminus Audio-Branding. Das verschafft einen Einblick in die Markentheorie, behandelt die Basis, die ein akustisches Gesamtkonzept benötigt und informiert über Aufgaben und Möglichkeiten. Der gezielte Einsatz von akustischen Signalen und Musik wird im darauffolgenden Kapitel durch die menschliche Informationsverarbeitung und Psychoakustik begründet und erklärt. Nach einer Einführung zur musikalischen Kommunikation im Werbezusammenhang folgt mit den Aspekten Wirkung und Funktion von Audiologos in Kapitel 4 der Kernteil dieses Buches. Eine umfassende theoretische Beschreibung dieser zwei Aspekte unter Berücksichtigung überwiegend musikpsychologischer Erkenntnisse aus der Fachliteratur gibt darüber Aufschluss, wie relativ kurze akustische Einheiten die Aufmerksamkeit steigern, wiedererkannt und erinnert werden können und inwiefern sie einen Einfluss auf die Imagebildung ausüben. Ferner wird im Speziellen auf die Möglichkeiten audiovisueller Interaktion hingewiesen, da die multimodale Reizverarbeitung für die allgemeine Wahrnehmung eine große Rolle spielt. Das nachfolgende Kapitel erläutert, welche wichtigen Formen neben dem Audiologo im Audio-Branding eingesetzt werden und worin ihre charakteristischen Eigenschaften liegen. Anschließend erfolgt in einem Exkurs ein chronologischer Abriss über bedeutsame Entwicklungen des Audiologos und dessen Vorläufer, bevor im Kapitel 7 die methodische Herangehensweise an einen Audio-Branding-Prozess zusammengefasst wird. Dabei werden die Entwicklungsschritte des akustischen Konzepts von der Planung bis hin zur Implementierung dargestellt und dabei auftretende Schwierigkeiten besprochen. Daraufhin werden in Kapitel 8 anhand der Diskussion von zwei Studien die Messverfahren zur intensiven Erforschung der Wirkung von Audiologos aufgezeigt und auf mögliche Perspektiven hingewiesen. Im Anschluss daran werden die rechtlichen Grundlagen für akustische Marken angesprochen. In Kapitel 9 wird der Versuch unternommen wichtige Fragen zum Urheberrecht und zur Registrierung von Audiologos zu beantworten. Den Abschluss macht ein tabellarischer Vergleich von 22 ausgewählten Audiologos aus dem deutschsprachigen Bereich (Kapitel 10). Die Auswertung zeigt wichtige Merkmale und Besonderheiten auf und resümiert die bereits zuvor diskutierten Gestaltungsweisen. Eine kurze Schlussfolgerung und ein Ausblick auf zukünftige Anwendungsbereiche von Audiologos und Markenklang runden den Inhalt des Buches ab.

1. Was ist Audio-Branding?

Das Werben und die Markenbildung mit akustischen Elementen bieten zahlreiche Vorteile gegenüber visuellen Darstellungsformen. Ein Grund ist, dass man die Ohren im Gegensatz zu den Augen nicht verschließen kann. Im Gegensatz zum Sehsinn ist der Hörsinn nicht gerichtet. Die akustischen Ereignisse sind damit omnipräsent. Akustische nonverbale Reize sind schneller als verbale Reize in der Lage, Aufmerksamkeit und Gedächtnisleistung zu steigern. Musikalische Botschaften können auch leichter verarbeitet werden als Textbotschaften. Sie erfordern eine geringere kognitive Leistung vom Rezipienten und transportieren, beiläufig wahrgenommen, emotionale Empfindungen (vgl. Esch 2003, 233; Bronner 2009a, 92f.; Steiner 2009, 60; Roth 2005, 243).

Dass Musik in der Lage ist, Emotionen zu wecken, ist jedermann geläufig und kann z.B. bei der Klangfarbenänderung der menschlichen Stimme beobachtet werden. Schon feine Nuancen der Klangfarbe können zu einer Bedeutungsänderung führen und lenken so die Kommunikation. Aus diesen Gründen wird in der akustischen Markenführung, oder auch Audio-Branding genannt, großes Potential und eine Alternative zu gängigen visuellen Strategien gesehen.

Das Ziel akustischer Maßnahmen hinsichtlich einer Marke ist also eine verbesserte Verankerung eines Unternehmens oder Produkts im Gedächtnis des Konsumenten durch die Emotionalisierung der Marke. Ein Grund für den Einsatz weiterer Sinnesmodalitäten ist der sogenannte „Visual Transfer". Schon kurze musikalische Ausschnitte können den zugehörigen Werbespot vor dem geistigen Auge entstehen lassen, also visuelle Gedächtnisbilder aktivieren, ohne eine visuelle Spur dargeboten zu haben. Aufgrund paralleler Einschaltungen in TV und Radio, können die erzielten Visual-Transfer-Effekte die Werbewirkung sowie die Effizienz der kommunikativen Maßnahmen erhöhen (vgl. Bronner 2009a, 93; Ragetté 2007).

Betrachtet man die Werbemaßnahmen in der Vergangenheit, so können diese hauptsächlich auf den visuellen Kanal reduziert werden. Es besteht die Meinung, dass in Folge der visuelle Kanal ziemlich ausgereizt sei aber reichliche Gestaltungsmöglichkeiten für den akustischen Kanal vorhanden seien. Eine Kombination aus visuellen und akustischen Strategien scheint sinnvoll, da eine multidimensionale Markenkommunikation über mehrere Sinneskanäle attraktiver ist (vgl. Kilian 2009d, 214). Auch Kroeber-Riel fordert schon 1982 aufgrund zunehmender Informationskonkurrenz, stärkere Techniken zur Stimulierung und Steuerung der Aufmerksamkeit. Dazu müssen „die Informationen noch mehr als heute in einer interessanten Form verpackt und in den Empfänger 'hineingeschoben'" (Kroeber-Riel 1982, 208) werden. Ebenso ist es wichtig den sozialen Aspekt nicht außer Acht zu lassen. Das Verhalten des einzelnen Menschen wird in erheblichem Umfang durch seine sozialen Bedürfnisse, Vorlieben und Gewohnheiten gesteuert und ist oftmals abhängig vom sozialen Umfeld. In diesem Zusammenhang kann auf die Beachtung der Rezeptions- und Verwendungssituation von Musik hingewiesen werden, die stark durch Befindlichkeit, Hörerwartung und den zugehörigen Kulturkreis determiniert ist (vgl. Kastner 2006, 82; Rösing 1983, 6ff.). Neben der sozialen Determination beeinflussen auch ökonomische Aspekte den Prozess der Markenbildung (siehe Kapitel 1.3). Diese Interdisziplinarität fordert eine enge Zusammenarbeit der Fachrichtungen Werbung, Kommunikationswissenschaft, Psychologie, Musikwissenschaft, Sound Design und Markenmanagement (vgl. Bronner & Hirt 2009, 9f.).

1.1 Definitionen

Damit die folgenden theoretischen Betrachtungen zum einen nachvollziehbar sind, zum anderen die Grundlage für einen wissenschaftlichen Diskurs gewährleistet ist, besteht die Notwendigkeit, relevante Begriffe klar voneinander abzugrenzen und deren jeweilige funktionelle Bedeutung aufzuzeigen.

Die **Marke** als Dreh- und Angelpunkt im hier beschrieben Prozess, ist ein in der

> *„Psyche des Konsumenten verankertes, unverwechselbares Vorstellungsbild von einem Produkt oder einer Dienstleistung. Die zugrundeliegende markierte Leistung wird dabei einem möglichst großen Absatzraum über einen längeren Zeitraum in gleichartigem Auftritt und in gleichbleibender oder verbesserter Qualität angeboten"* (Meffert 1998, 81; 2000, 874).

Was eine Marke ausmacht, ist stark von subjektiven Eindrücken geprägt und spielt sich vor allem in den Köpfen und Vorstellungen der Konsumenten ab (vgl. Esch 2005, 6). Der Konsument ist auf der Suche nach identitätsstiftenden und starken Markenattributen. Ein solcher Fokus auf Marken ist gerechtfertigt durch frühkindliche Verhaltensweisen. Kleinkinder stammeln oft Markennamen, bevor sie Mama oder Papa sagen. Es zeigte sich, dass 68 % der drei- bis vierjährigen deutschen Kinder das Markenlogo von Milka kennen. Bei Coca-Cola sind es 64 % (vgl. Melzer-Lena & Barlovic 1999, 28, in: Esch/Wicke/Rempel 2005, 6).

Die Rezipienten bilden gemäß den wahrgenommenen Eigenschaften einen subjektiven Markenbegriff, d.h. der Begriff Marke impliziert vom Rezipienten wahrgenommene Eigenschaften, die in neuronalen Netzwerken abgelegt sind. Das Markennetzwerk und die darin enthaltenen Bedeutungen können später durch neue Verknüpfungen gezielt verändert werden. Sie sind also nicht statisch und deshalb steuerbar. Aus diesem Grund kann die Marke als ein sozialpsychologisches funktionsstiftendes Phänomen bezeichnet werden (vgl. Lehmann 2008, 13). Welche Funktionen eine Marke sowohl für den Konsumenten als auch für den Produzenten hat wird hier tabellarisch abgebildet:

Tabelle 1: Funktionen einer Marke

Nachfragersicht	**Herstellersicht**
▪ Orientierungshilfe	▪ Wertsteigerung des Unternehmens
▪ Entlastungsfunktion	▪ Preispolitischer Spielraum
▪ Qualitätssicherungsfunktion	▪ Plattform für neue Produkte
▪ Identifikationsfunktion	▪ Segmentspezifische Marktbearbeitung
▪ Prestigefunktion	▪ Kundenbindung
▪ Vertrauensfunktion	▪ Differenzierung gegenüber Konkurrenz
	▪ Präferenzbildung

Quelle: vgl. Meffert/Burmann/Koes 2002, 10f.

Die nach Mefferts Definition in der Psyche verankerte Marke hat ihre reale Repräsentation in Form des **Produkts**. Es handelt sich dabei um ein Gut, eine Dienstleistung, Person, einen Ort, eine Organisation oder eine Idee (vgl. Meffert 1998; Esch 2005). Der Unterschied der beiden Begriffe „Marke“ und „Produkt“ liegt darin, dass das Produkt das Ergebnis des Herstellerprozesses im Unternehmen ist. Die Marke hingegen ist das Imaginäre, was der Konsument kauft, also der Mehrwert, der den Produkten hinzugefügt werden kann.

Das **Branding**[2] (im Deutschen Markieren) bezeichnet die Maßnahmen, die unternommen werden, um ein Angebot aus der Masse gleichartiger Angebote zu prononcieren und damit eine eindeutige Markenzuordnung zu ermöglichen (vgl. Langner 2003, 5; Esch & Langner 2005, 577).

Der Begriff der **Markenführung** ist dem des Branding ähnlich. Er beschreibt aber den Prozess der Planung, Koordination, Umsetzung und Kontrolle der Branding-Maßnahmen zum Aufbau und zur Pflege der Marke.

> *„Die Kunst erfolgreicher Markenführung besteht letztlich in der Beherrschung des schmalen Grats zwischen Kontinuität und Wandel einerseits sowie langfristiger Investitionen in den Markenwert und kurzfristiger, flexibler Anpassung an die Markensituation andererseits"* (Meffert 2002, 673).

Die ***akustische*** **Markenführung** beinhaltet akustische Maßnahmen, mit deren Unterstützung Markenassoziationen in konsequentem Einsatz kommuniziert werden, d.h. akustische Markenführung beinhaltet die klangliche Übersetzung einer Marke. Sie bezeichnet den gezielten, strategischen, konsequenten und instrumentalisierten Einsatz und die Gestaltung von einprägsamen und unverwechselbaren akustischen Elementen im Rahmen der Markenkommunikation sowie der multisensuellen Markenführung zur Erzeugung eines ganzheitlichen, markenspezifischen und zielgruppenorientierten Designs.[3] Der bloße Einsatz akustischer Signale für Werbemaßnahmen kann freilich noch nicht als akustische Markenführung verstanden werden. Erst das ganzheitliche Konzept durch Integration unterschiedlicher Elemente innerhalb des Markenmanagements macht es dazu.

Analog zu den Begriffen **akustische Markenführung** und **Audio-Branding** werden in der Literatur oft englische Termini wie *Acoustic Branding, Sound Branding* und *Sonic Branding* benutzt. Sie bezeichnen im

---

2 Das Branding hat seinen etymologischen Ursprung in der Markierung von Rindern mittels glühender Eisen, um das Vieh seiner Herde zuordnen zu können. Das Markieren von Waren ist eine typische Erscheinungsform entwickelter Wirtschaftssysteme und ist auch heute vielerorts zu finden (vgl. Steiner 2009, 29). Eine Beobachtung, wo noch die Markierung mittels Brandzeichen getätigt wird, ist beispielsweise die Kennzeichnung bei normierten Europaletten. Eine ausführliche Darstellung der Wurzeln des Branding bieten die Autoren Esch & Langner (vgl. 2005b, 575ff.).

3 Für Definitionen zur Terminologie der akustischen Markenführung siehe Krugmann 2007, 69; Groves 2008a, 128; Kastner 2008, 4; Steiner 2009, 36; Bronner 2009a.

Grunde alle auf gleiche Weise die akustischen Maßnahmen zur Markenbildung. Die Verwendung dieser Synonyme geht darum auf die einzelnen Vorlieben der Autoren und deren Interpretation zurück. Jedoch ist anzumerken, dass in englischsprachiger Literatur hauptsächlich der Begriff *Sound Branding* und *Sonic Branding* (geprägt durch die ersten quasi wissenschaftlichen Auseinandersetzungen mit der) häufiger auftritt, wohingegen *Audio-Branding* in der deutschsprachige Literatur dominiert. Betrachtet man die gängigen Internetpräsenzen gegenwärtiger Agenturen, Communities, Blogs und Portale[4], so wird fast ausschließlich dieser Begriff verwendet. Es bleibt abzuwarten welcher Terminus sich durchsetzen wird. Bei der Terminologie des Audiologos verhält es sich ähnlich. Im Kontext dieses Buches schein der Terminus Audio-Branding passend, da Audio-Branding näher am musikalisch-kreativ-technischen Konzept verortet ist als die akustische Markenführung.

Der Begriff des Audio-Branding kann im Übrigen ebenfalls marktpolitische Aspekte umfassen. Seit geraumer Zeit weiten sich die Markenführungskonzepte in sämtlichen Sparten aus, so dass Stars, Politiker, Städte, Universitäten und Museen sich als Marke darzustellen versuchen.

Audio-Branding am Beispiel der Marke *WienTourismus*

Ein Beispiel der akustischen Übersetzung einer Marke ist die als „Musik(welthaupt)stadt" bezeichnete Stadt Wien. Visuelle Logos bestehen schon seit längerer Zeit, es mangelt nicht an Wahrzeichen, und die Differenzierungs- und Positionierungsabsichten scheinen auch schon seit geraumer Zeit formuliert: *Wien ist anders - Eine Stadt zwischen historischen Prachtbauten und moderner Szenekultur.* Einer aktuellen Studie, in der 11.000 Reisende aus neun verschiedenen Orten befragt und zahlreiche Experten-Interviews geführt wurden, lassen sich nun exaktere Markenwerte und Imageattribute entnehmen. So will der Verband WienTourismus mit folgenden fünf Markenbausteinen überzeugen (Aufzählung in abnehmender Zahl der Aussagen): „Imperiale Ebene", „Musik-und Kulturangebot", „Kultur des Genusses", „Funktionierende Stadt", „Balance Stadt/Grünraum" (vgl. WienTourismus 2010a, 2). Auch hat sich *WienTourismus* bereits für eine Sound Identity und die Repräsentation mittels

4 z.B. http://audio-branding-academy.org/; http://audio-branding-academy.org/icab/; http://audio-branding.de/; http://audio-branding.info/; http://audiologo.de

Audiologo[5] entschieden. Information über dessen Gestalt kann der nachfolgenden Tabelle entnommen werden.

Tabelle 2: Musikalische Elemente des Audiologos von WienTourismus

Repräsentation von	**...durch:**
	Verspielte Querflöte (klassischer Ansatz)
▪ **Zeitlosigkeit**	Kontrabass (leicht groovig und jazzig gespielt)
▪ **Hochwertigkeit**	Pad Sounds (statt Streicher)
▪ **Kultiviertheit**	Dezent im Hintergrund gesungener Ton (Sopran)
▪ **Sinnlichkeit...**	Schlagwerk bestehend aus kleiner Trommel und Pauke
	Moderne Interpretation durch loungigen Vienna Sound

Quelle: vgl. WienTourismus (2010b).

Das Audiologo soll sowohl die wichtigsten klassischen Attribute - „sinnlich“, „zeitlos“, „kultiviert“ und „hochwertig“ - als auch die des modernen Wien - „weltoffen“, „international“, „lebendig“, „florierend“ - beinhalten. Auch die für die Bildsprache charakteristische Farbe Goldgelb, die in der neuen Kampagne eingesetzt wird, soll sich wiederfinden lassen (vgl. WienTourismus 2010b, 42[6]; WienTourismus 2010c, 24[7]). Die Tatsache, dass eine akustische Sequenz von nur wenigen Sekunden einem so facettenreichen, dynamischen und komplexen Subjekt wie einer Stadt genüge tut, kann mit Skepsis betrachtet werden. Gleichzeitig stellt sie aber eine Herausforderung für die Werbeindustrie dar. Es muss aber unterschieden werden: das genannte kurze Audiologo und das dazugehörige 40-sekündige Thema sind nämlich nicht Repräsentanten der Stadt Wien, sondern des *WienTourismus*, zielen also auf die Kreation von Markenimage bei Außenstehenden hin, nicht aber auf die Identifikation der Bewohner mit dieser Stadt. „Es ist ein schmaler Grat, historisch gewachsene Zuschreibungen und zeitbezogene Entwicklungen geschickt

5 Audiologo: http://www.wien.info/media/audio/soundlogo-wien-kurz.mp3
Wien Sound: http://www.wien.info/media/audio/soundlogo-wien-lang.mp3

6 Wien Corporate Design, http://b2b.wien.info/media/files-b2b/cd-manual.pdf [Zugriff:21.09.2010]

7 Marken-Manual, http://b2b.wien.info/media/files-b2b/markenmanual.pdf [Zugriff: 24.11.2010]

zu vereinen." (Lindner 2010[8]). Doch vielleicht ist dies auch abhängig von der Mentalitätsfrage, wie es der Stadtanthropologe Rolf Lindner formuliert (vgl. ebd.).

1.2 Anwendungsgebiete

Zum Einsatz kommen die in Kapitel 5 noch ausführlich beschriebenen akustischen Marketingmaßnahmen (**Brand Sounds**) an diversen Berührungspunkten (**Touchpoints**), an denen es gilt, Markenpräsenz zu schaffen und zu steigern und die emotionale Befindlichkeit potentieller Konsumenten zu unterstützen. Dies geschieht in Radio und Fernsehen, an Messeständen am Point of Sale (PoS), bei Events verschiedener Art, in Telefonwarteschleifen, Kinowerbung, Podcasts, Internetpräsenzen und zahlreichen auditiven Benutzerschnittstellen (vgl. Bronner 2009a, 89).

Abbildung 1: Touchpoints für das Audiologo als Brand Sound

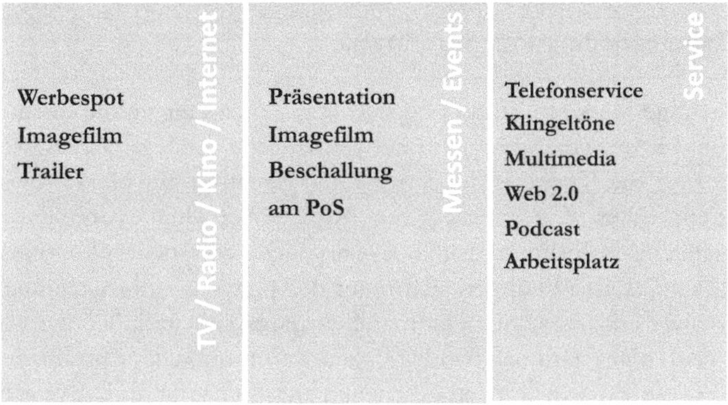

Quelle: eigene Darstellung.

Um eine vielseitige Repräsentation der Marke in den Köpfen der Rezipienten zu erzeugen (⇒ Markenimage), werden die einzelnen Maßnah-

8 ORF Sendung zur Marke Wien, 18. Juli 2010, http://www.wien.info/de/lifestyle-szene/orf-sendung-marke-wien-18-7-2010 [Zugriff: 24.11.2010].

men als ein zusammengehöriges und ganzheitliches Gefüge eingesetzt. Deshalb müssen sie aufeinander abgestimmt sein. Es ist darum ebenso wichtig, die jeweiligen technischen Eigenheiten der Anwendungsgebiete zu berücksichtigen. Das Audiologo der *Deutschen Telekom* muss etwa für die Telefonwarteschleife oder als Klingelton ein schmales Frequenzband aufweisen, damit es voll zur Geltung kommt und nicht aufgrund technischer Begebenheiten beschnitten wird, da hier nur die mittleren Bänder des Frequenzspektrums übertragen werden. Die Verwendung des Audiologos von *Audi*, das menschliche, sehr niederfrequente Herzschläge abbildet, wäre hier schlicht unmöglich. Optimal zur Geltung kommt es erst bei leistungsstärkeren Lautsprechersystemen im Kino, bei Open-Air Events oder im eigenen Wohnzimmer, also bei Systemen wo meist ein ausgeglichenes Spektrum vorliegt.

Warum und wie die genannten Elemente in der Markenbildung angewandt werden, korreliert mit bestimmten Bedingungen, die am Markt herrschen. Deshalb sollen nun wichtige marktbezogene Entwicklungen erläutert werden.

1.3 Rahmenbedingungen am Markt

Die heutige Markenführung erfordert eine Anpassung an die Rahmenbedingungen, um eine geeignete und erfolgreiche Strategie zu entwickeln. Dazu sind die Kenntnis der temporären Situation am Markt sowie die Kenntnis über das menschliche Konsumverhalten vonnöten. Das menschliche Konsumverhalten ist gesteuert von neuroökonomischen Vorgängen. Diese befinden sich unter der Bewusstseinsgrenze und sind nur schwer erklärbar.[9] So gerät man beinahe täglich in Situationen, in denen man nicht rational handelt, sondern emotionale Entscheidungen trifft. Diese Entscheidungen geschehen stets beiläufig, d. h. mit geringer Bereitschaft (⇒ Involvement). Nach Esch bietet die Neuroökonomie – ein neues, interdisziplinäres Forschungsfeld der Bereiche Neurologie, Physik, Ökonomie, Radiologie und Psychologie – die Möglichkeit, tiefe Einblicke in die Wirkungsweise von Marken zu erhalten. Somit sollen

9 Ein anschauliches Modell des Konsumentenverhaltens illustrieren Mayer & Illmann (2000, 103) und beziehen sich auf Engel/Blackwell/Miniard (1995, 153).

sich Kaufentscheidungen, Markenwahl und Markenpräferenzen in Zukunft besser vorhersagen lassen. Große Unternehmen investieren bereits in derartige Forschungseinrichtungen, denn „Marken sind die Goldader für Unternehmen" (Esch & Möll 2005, 72).

Am Markt rufen Massenproduktion und Massendistribution eine Sättigung hervor, was ein Angleichen des Qualitätsniveaus zur Folge hat. Die Ursache dafür liegt in der zunehmenden Globalisierung, wodurch neue Wettbewerber aus anderen Regionen und Ländern hinzukommen. Das homogene Produktüberangebot austauschbar scheinender Produkte und die Verkürzung von Produktlebenszyklen fordern wieder neue Produkte und Marken, was schließlich eine Inflation von Markenattributen und kommunikativen Maßnahmen mit sich bringt. Aufgrund des Informationsüberflusses schwindet das Interesse an Marken und ein passives Verhältnis gegenüber der Werbung stellt sich ein. Esch tituliert den Überschuss an ungenutzten Informationen, die uns täglich passieren, mit 98% (vgl. Esch 2004, 32; Esch/Wicke/Rempel 2005, 31ff.). Einen Gedanken zum Konsumdruck, der die ökonomischen Rahmenbedingungen nur am Rande tangiert, liefert Alesch und verweist auf eine veränderte Zuhörsituation und den Zeitaufwand, der nötig ist, um den Überblick über Angebote zu behalten.

> *„Es besteht wohl kein Zweifel daran, dass die Quantität der verfügbaren Informationen und sinnlichen Stimulanzien in der modernen Gesellschaft, dank der Entwicklung der Kommunikationstechnologien, sprungartig angestiegen ist."* (Alesch 2002, 22).

Aus dem Desinteresse verändert sich das Verhältnis zwischen Produkt und potentiellen Konsumenten. Die Entpersonalisierung zwischen Anbieter und Nachfrager fordert deshalb innovative Strategien zur Kommunikation mit den Konsumenten. Vermittelt werden sollen primär Identifikation und Vertrauen. Das bedarf starker Marken und geschieht am besten mittels emotionaler Bindung. Damit werden Produkte zweimal hergestellt, einmal „physisch und einmal in den Köpfen der Kunden" (Koch 2006, 19). Die Auseinandersetzung damit ist nun die Aufgabe des modernen Markenmanagements.[10]

10 Die hier genannten Marktbedingungen haben keinen Anspruch auf Vollständigkeit. Für eine ausführlichere Darstellung sei deshalb auf andere Autoren verwiesen (Kroeber-Riel & Esch 2004; Weinberg & Diehl 2005; Langner 2007; Esch 2005; Burmann & Schallehn 2010).

Aus den genannten Gründen sollen in der Markenführung Produkte im Angebotsmeer hervorgehoben und differenzierte Profile geschaffen werden, um ein klares, starkes und individuelles Markenimage vermitteln zu können. Bei einem durchdachten Marketingkonzept kommt es somit zu einer wechselseitigen Beeinflussung. „Eine starke Marke stützt die Verkaufbarkeit des Produktes – erfolgreiche Produkte festigen die Macht der Marke“ (Haverkamp 2009, 28). Starke Marken scheinen in besonderem Maße emotional bei den Konsumenten verankert zu sein. So liefert ein Pkw der Marke *BMW* nicht immer die besten Ergebnisse bei den Tests z.B. in der Zeitschrift *„Auto, Motor und Sport“*. Dennoch verfügt besonders *BMW* über ein ausgeprägtes emotionales Profil, das sich um den Kontext *„Freude am Fahren“* dreht (vgl. Esch/Wicke/Rempel 2005, 11f.). Gerade im Sektor der Automobilindustrie ist in den vergangenen Jahren die Differenzierung der Marken durch technische Merkmale immer schwieriger geworden, da die meisten den gleichen technischen Standard zu haben scheinen. Deshalb ist die Kommunikation von emotionalen Faktoren von zentraler Bedeutung, denn „nur in den Köpfen der Konsumenten wird entschieden, was wann, wo und wie gekauft wird“ (Möll 2007, 14). So verwundert es auch nicht, dass gerade bei Automarken die Werbung mittels Audiologo verbreitet ist.

Durch erlebnisorientiertes, multisensuelles Ansprechen der Konsumenten und die Vermittlung einer „Markenerlebniswelt“ (Weinberg & Diehl 2001, 27) soll das Desinteresse ein Ende haben. Da Musik, wie so oft genannt, die Fähigkeit einer „Metasprache“ (u.a. Rösing 2002b, 78; Tauchnitz 1990) besitzt, wird ihr auch in diesem Buch die größte Aufmerksamkeit zuteil. Somit muss aber auch die hinter den Tönen liegende Bedeutung, also die Semantik der Musik, entschlüsselt werden (vgl. de la Motte 1996, 17).

Bevor das Augenmerk auf Aspekte der Wahrnehmung und musikalischen Gestaltung gelegt wird, soll skizziert werden, auf welchen Regeln und Grundlagen der Markenbildungsprozess beruht.

1.4 Markt- und werbetheoretische Grundlagen

Die strategische Planung zur Erzeugung starker Marken kann in drei Phasen gegliedert werden: Erstens muss die Markenidentität entwickelt werden, zweitens erfolgt die Konzeption der Markenpositionierung und drittens wird das Konzept der Positionierung über ausgewählte Kanäle umgesetzt (vgl. Roth 2005, 22). Aber wie muss ein Branding gestaltet sein, damit es die angestrebte Markenpositionierung möglichst wirkungsvoll vermittelt?

Fundamental für ein eindeutiges Dechiffrieren beim Wahrnehmungsprozess durch den Konsumenten ist eine eigenständige werbliche Umsetzung. Ob allerdings das Positionierungskonzept selbst originell oder usuell ist, ist dabei sekundär (vgl. Esch 2005b, 155). Bestenfalls haben starke Marken eine emotionale Schubkraft und schützen vor Imitation, was wiederum den Wettbewerb sichert. Das impliziert, dass der Umsetzung und Gestaltung mehr Beachtung geschenkt wird, da sie ein subjektives Empfinden auslösen. Die theoretische Struktur dahinter, der weniger Relevanz für die Unterscheidbarkeit zugeschrieben wird, wird eher ignoriert. Das ist wohl einer der Gründe der heterogenen Wechselbeziehung von Theorie und Praxis.

Betrachtung nicht gelernter Reizkonstellationen

Wenn eine Marke Assoziationen hervorruft, so hat das grundsätzlich zwei unterschiedliche Ursprünge. Einerseits die konkrete Gestaltung des Branding und andererseits das zur Marke gelernte Wissen (vgl. Esch 2001, 507). Die Rezipienten leiten ihre Assoziationen aus dem Markennamen, dem Markenbild, dem Markenklang und dem Produkt bzw. der Verpackung ab. Denn „[b]eim erstmaligen Kontakt mit dem Branding ergibt sich der Informationsgehalt des Branding ausschließlich aus dessen Gestaltung, da noch keine Assoziationen zur Marke gelernt wurden" (Langner 2003, 133). Zum Aufbau eines Markenimages tragen also Branding und Kommunikation gemeinsam bei. Nach erstmaliger und erfolgreicher Konditionierung des Markenimages sind ganz bestimmte Assoziationen mit der Marke untrennbar verbunden und werden von nun an bei einer Berührung mit dieser Marke abgerufen. Dieser Umstand legt nahe, dass bei einer Messung der Branding-Wirkung (⇒ Market Research) den Versuchspersonen unbekannte Reize präsentiert werden sollen.

1.5 Aufbau einer Corporate Identity (CI)

Präsentiert sich ein Unternehmen oder eine Organisation durch seine bzw. ihre Unternehmenskultur, so bezeichnet man das als die Corporate Identity (**CI**). Das Resultat einer erfolgreich umgesetzten CI ist ein positives **Corporate Image**, ein Fremdbild des Unternehmens, das Außenstehenden vermitteln kann, um welche Art von Unternehmen es sich handelt und was es dem Markt und den Konsumenten bringen soll. So sollte eine konkrete Leitidee verfolgt werden, die, um ein Beispiel zu nennen, das Unternehmen *Sony* folgendermaßen formuliert: „Wir wollen den Menschen die besten Klang- und Seherlebnisse bieten" (Hamann 2007, 378). Die *Deutsche Post* definierte ihre Vision des Euro Express (heute DHL) so: „*Customers see Deutsche Post Euro Express as Europe´s leading distri-bution partner with a network built on local strengths.*" (Meffert/Schneider/ Ebert 2002, 639).

Das Corporate Image wird unter Berücksichtigung der Leitidee mittels **Corporate Design**, **Corporate Communication** und **Corporate Culture** umgesetzt, was die folgende Grafik veranschaulicht:

Abbildung 2: Gliederung der Corporate Identity

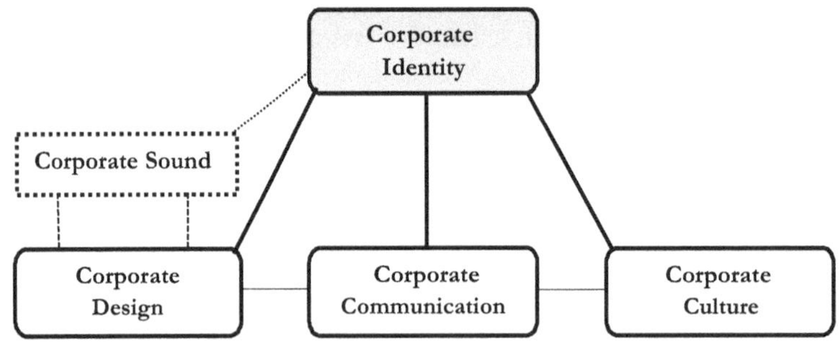

Quelle: eigene Darstellung.

Die CI soll formale und inhaltliche Kriterien vereinen. Nur durch einen ganzheitlichen Prozess kann so eine starke Identität aufgebaut werden. „Es geht also darum, die inhaltliche Ebene zu definieren, um daraus die formalen Markenkriterien abzuleiten und zu gestalten." (Adjouri 2002, 70). Die inhaltliche Ebene wird durch Assoziationen unterschiedlicher Art beschrieben, die aus den verschiedensten Bereichen kommen können. Das verdeutlicht wiederum die Forderung nach Interdisziplinarität. Die Assoziationen und Bedeutungen können nur im Zusammenhang mit jemandem entstehen, der die Bedeutungen erkennt, akzeptiert und dekodiert.

1.5.1 Das Corporate Design im Überblick

Das Corporate Design (CD) stellt die „Identitätsvermittlung durch die Vereinheitlichung formaler Gestaltungsmaßnahmen dar." (Meffert/Schneider/Ebert 2002, 634). Es kommuniziert über verschiedene Sinneskanäle und dient der Kennzeichnung des Absenders. Dies äußert sich in einheitlichen Schriften, Formaten, grafischen Logos und anderen gemeinsamen Gestaltungsmitteln. Die mit einem Unternehmen oder Produkt verbundene Assoziationen sollen im CD wiedererkannt werden und möglichst zum Kaufen anregen.

Eine schemenhafte Darstellung der Gestaltungsmaßnahmen bietet das „Branding-Dreieck", hier mit der Einbeziehung des Markenklangs:

Abbildung 3: Branding-Dreieck

Quelle: eigene Darstellung, vgl. Esch & Langner 2005, 577; Bronner 2009a, 83.

Der **Corporate Sound** als Gestaltungsmaßnahme des CD subsumiert Werbemusik im Allgemeinen, Websites, Telefonwarteschleifen, Hintergrundmusik, Brand Songs, das Audiologo und weitere Formen, die im Laufe dieses Buches noch näher betrachtet werden. Es geht hier schlicht darum,

„wie jedes Kommunikationsinstrument das Werk interpretiert, denn jedes besitzt seine individuellen Stärken und Schwächen. Diese jeweiligen Interpretationen müssen nicht, ja sie dürfen sogar nicht gleich sein. Erst wenn jedes Kommunikationsinstrument den richtigen Ton in der richtigen Tonlage zum richtigen Zeitpunkt trifft, wird ein gutes Konzert daraus, mit einem Hörerlebnis, welches aktiviert und positiv im Gedächtnis haftet." (Nölke 2009, 25).

Auch beim Terminus Corporate Sound bedarf es eines wohlüberlegten Gebrauchs: „Nicht alles was ein Logo hat, ist eine Marke. Marken sind mehr als Logos! Nicht alles was ein Jingle hat, hat auch einen Corporate Sound." (Stiegler 2010).

Da Corporate Sound erst sukzessiv Einzug in die Strategie der Markenführung hält, findet der Begriff in vielen Gliederungen der CI wenig Beachtung. Einerseits kann er als Teil des Corporate Designs gesehen werden, da der Sound auf jeden Fall mit visuellen und anderen Gestaltungsmaßnahmen übereinstimmen muss (vgl. u.a. Kilian 2009b, 57f.). Andererseits kann man den Corporate Sound als eigenständige und vierte Komponente der CI betrachten. Der Corporate Sound transportiert hier das Klangkonzept der Komponenten der gesamten CI (vgl. Ringe 2005, 53). In Anbetracht neuer integrativer Entwürfe eines ganzheitlichen Corporate Sounds bei den Unternehmen *Siemens* oder der *Deutschen Telekom* ist die letztere Darstellung passend. Im Kontext dieser Arbeit wird jedoch immer wieder auf die audiovisuelle Wechselbeziehung hingewiesen, weshalb hier der Corporate Sound unter dem Element des Corporate Design subsumiert wird.

Als weitere Komponente der CI bezieht sich **Corporate Communication** auf das Feld der Werbung, PR und deren Kommunikationsinstrumente und kommuniziert inhaltliche Botschaften. Diese können verbalen und nonverbalen Charakter haben (vgl. Meffert/Schneider/Ebert 2002, 639). Kommunikationsinstrumente sind z.B. Anzeigen, Plakate, Broschüren, Messen, Gebrauchsanweisungen etc.

Corporate Culture bzw. **Corporate Behavior** bezeichnen Verhaltensgrundsätze und Führungsrichtlinien in einem Unternehmen. Hier werden Bestimmungen getroffen bezüglich Mitarbeiterführung, Personalentwicklung, Umgangston, Kritikfähigkeit etc. (vgl. Hamann 2007, 379).

1.5.2 Markenimage vs. Markenidentität

Die Konstrukte „**Markenimage**“ und „**Markenidentität**“ bezeichnen die Gedächtnisstrukturen zu einer Marke. Das Markenimage ist die Wahrnehmung einer Marke auf der Basis verschiedener gespeicherter Markenassoziationen (vgl. Keller 1993, 3). Sind viele solcher verbalen und nonverbalen Markenassoziationen vorhanden, so kann man von einer starken Marke sprechen. Starke Marken haben im Allgemeinen die Eigenschaften von Repräsentation, Relevanz, Einzigartigkeit und Zugriffsfähigkeit (vgl. Roth 2005, 19f.). Markenimages sind psychologisch gesehen nichts anderes als konsistent wertend auf einen Gegenstand zu reagieren, also die Einstellung zur Marke. Hier ist der persönliche Background sowie die persönlichen Werte wichtig, woraufhin das Markenimage einem „Bewusstseinsprozess aufgrund von gespeicherten Gedächtnisinhalten“ (Sommer 1998, 149) folgt. Diese qualitativen Aspekte des Bewusstseins sind allerdings nicht messbar und nur grob beschreibbar.

Markenimage ist nicht zu verwechseln mit dem Begriff der Markenidentität. Während das Markenimage die Struktur der Marke aus Nachfragersicht repräsentiert und aus deren Akzeptanz hervorgeht, ist die Markenidentität die Struktur der Marke aus Anbietersicht und repräsentiert die Aussage des Unternehmens. „Die Markenidentität bringt zum Ausdruck, wofür eine Marke stehen soll. Sie umfasst die essenziellen, wesensprägenden und charakteristischen Merkmale einer Marke“ (Esch 2004, 84). Sie ist das „Gesicht“ der Marke (vgl. Domizlaff 1992, 97). Die wichtigsten Kennzeichen der Markenidentität fasst Kilian mit dem einprägsamen Merkwort „KERK“ zusammen: **K**onsistenz, **E**inprägsamkeit, **R**eziprozität und **K**ontinuität (vgl. Kilian 2009b, 55). Nach dem Ansatz von Aaker (vgl. 1996) setzt sich die Markenidentität zusammen aus der Kern-Identität und der erweiterten Markenidentität. Die Markenidentität von *BMW* (Claim: *Freude am Fahren*) verdeutlicht das exemplarisch. Die drei wichtigsten Ansprüche (Werte) der Marke sind: „*In search of agility*“, „*In search of distinction*“ und „*In search of better solutions*“ (Esch 2008, 97):

Abbildung 4: BMW-Markenidentität

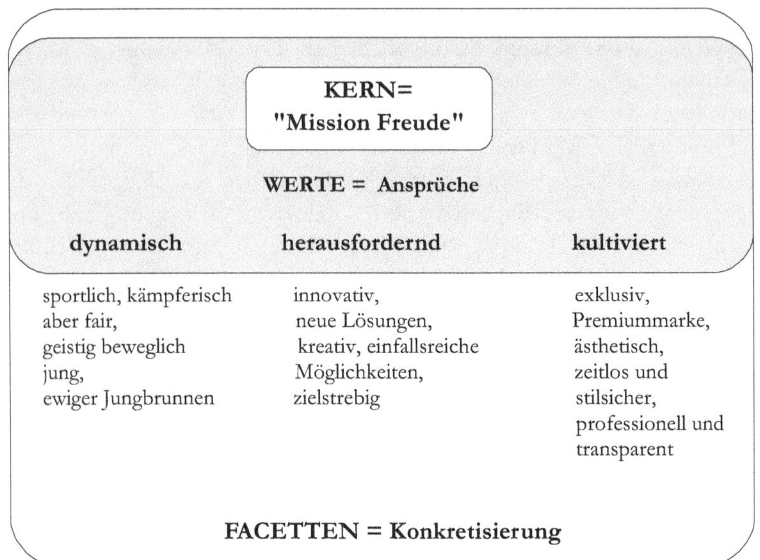

Quelle: eigene Darstellung, vgl. BMW AG, 2000 in: Esch 2008, 97; Kilian 2009c, 35.

1.6 Fazit

Da zunehmend gelernt wird, Musik beiläufig zu hören und sie auszublenden, besteht die Herausforderung der akustischen Markenführung darin, akustische Signale zu kreieren, die die Einstellung und das Verhalten der Rezipienten trotzdem beeinflussen.

Ziel muss es daher sein, Aufmerksamkeit zu schaffen, eine Markenbotschaft zu kommunizieren, ein Erkennungssignal zu sein sowie einen Unterhaltungswert zu beinhalten. Das folgende Zitat aus der visuellen Anzeigengestaltung, lässt sich sehr gut auf akustische Elemente übertragen. Denn auch beim Audio-Branding „[...] genügt es, einigen Anzeigenelementen eine emotionale Durchschlagskraft zu verleihen, um die Wirkung der gesamten Anzeige zu steigern“ (Kroeber-Riel, 1977, 442) und den Konsumenten für die Werbebotschaft zu aktivieren. Das Erkennen von solchen Gestalten verlangt eine gewisse Konsistenz und Kontinuität, die maßgeblich am Erfolg einer strategisch langfristigen Planung und

Durchführung beteiligt ist. Als Beispiel gilt etwa die Traditionsmarke *Audi.* Sie ist ein Vorbild kontinuierlicher Markenpflege: War die Automarke vor ca. 15 Jahren von der „Bildfläche" beinahe verschwunden, konnte eine gelungene Strategie die Marke revitalisieren und innerhalb der Premiummarken positionieren (vgl. Zöch 2005, 13). Die beachtliche Bekanntheit des Slogans („Vorsprung durch Technik") und das visuelle sowie akustische Logo bestätigen diese Aussage.

Daneben sollte ein Unternehmen versuchen, das CD seines Produkts oder seiner Marke in den aktiven verbalen sowie musikalischen Wortschatz seiner Zielgruppe zu integrieren. Hier können wieder die Traditionsmarken wie *Nivea, Tempo, Meister Proper* etc. genannt werden, die im aktiven Wortschatz breiter Bevölkerungsschichten existieren. Folgt man dem Ansatz eines aktiven Wortschatzes[11], so führt das zu folgender Annahme: Durch zahlreiche Gestaltungsparameter der Musik und einer schier unbegrenzten Anzahl an möglichen Tonkombinationen zu einer Melodie, besteht die Aufgabe darin, eine sinnvolle Anordnung gemäß den Buchstaben eines Wortes zu komponieren. Das Ergebnis ist das Audiologo im Sinne eines Wortes, integriert in den musikalischen Wortschatz.

11 Der aktive verbale Wortschatz umfasst in der Regel max. 6000 Wörter, im Durchschnitt sogar nur ca. 3000 (vgl. Samland 2006, 7). Über den musikalischen Wortschatz liegen allerdings keine konkreten Zahlen vor.

2 Musikalische Informationsverarbeitung

Da hier die Frage interessiert, wie Musik gehört wird und was eine gute Melodie oder ein gutes Motiv auszeichnet, muss auch im Allgemeinen auf die Sinnesmodalitäten eingegangen werden, im Besonderen aber auf die auditive Wahrnehmung. Im Laufe des Buches werden dann zahlreiche Zusammenhänge (musikalische Parameter ⇒ Wahrnehmung) deutlich, denn das Gehirn betrachtet einzelne Töne nicht isoliert, sondern interpretiert ein Schallereignis meist mit Bezug auf den vorangegangenen Kontext. Zahlreiche Wechselbeziehungen zwischen Sinnesmodalitäten und Gehirnarealen führen so zu einem höchst komplexen Verarbeitungsprozess.

2.1 Mikromechanik im Innenohr

Der eintreffende Schall, der durch die Gehörknöchelchen verstärkt wird, trifft auf das ovale Fenster der Cochlea[12] und erzeugt durch Druckverschiebung eine Wanderwelle auf der Basilarmembran. Hier werden Schalle in elektrische Impulse umgewandelt. Dieser Vorgang bildet die Grundlage der gesamten Schallanalyse im auditorischen System. Auf der Basilarmembran ist jeder hörbaren Frequenz ein Ort zugeordnet, an dem die Haarzellen – als eine Art Filter – auf diese Amplitudenspitzen bestimmter Frequenzen reagieren (vgl. Ebeling 2007, 21; 2009, 508; Hall 2003, 108; Gelfand 2004, 59). Die Basilarmembran wird nämlich dort erregt, wo das Schwingungsmaximum der Wanderwelle liegt. Dieser Ort maximaler Auslenkung entspricht dann der Frequenz des anregenden Schalls. Durch die Erregung unterschiedlicher Teile der Basilarmembran werden auch verschiedene Haarzellengruppen (entsprechen den sogenannten Frequenzgruppen) angeregt, was das Ohr zu einer Frequenzselektivität befähigt. Sehr hohe Frequenzen stimulieren die Haarzellen an der Basis der Cochlea (ovales Fenster) und mit abnehmender Frequenz wandert das Erregungsmaximum bis ins Innere der Windungen. Das hat

12 Die Cochlea stellt ein schneckenförmiges Rohr dar, das mit etwa 2,5 Windungen eine Länge von 32mm aufweist. Sie kann als „Schallanalyseinstrument von höchster Präzision“ (Hellbrück & Ellermeier 2004, 94) bezeichnet werden.

mit der Elastizität der Membran zu tun, die zur Schneckenspitze hin weicher wird (vgl. Hellbrück & Ellermeier 2004, 100f.; Spitzer 2009, 60; Kreidel 1975, 69).

Nach der Erregung der Haarzellen erfolgt die Umwandlung dieser mechanischen Reize in Nervenaktivität. Erregte Haarzellen lösen nach einem chemischen Prozess Aktionspotentiale aus. Diese elektrischen Signale werden an die angrenzenden Zellen der Gehörnerven weitergeleitet. Die Übertragung der Schallinformation durch elektrische Nervenimpulse erfolgt dann analog der Periode der wahrgenommenen Schwingung (vgl. Ebeling 2009, 5). Es kann aber zusätzlich zur Erregung der nebenan liegenden Haarzellen kommen, was eine Steigerung der Nervenaktivität zur Folge hat.[13] Die Frequenzgruppe oder auch kritische Frequenzbandbreite (critical bandwidth) genannt, bezeichnet den Bereich der effektiven Überlappung der Reaktionskurven auf der Basilarmembran (vgl. Hall 2003, 391; Fastl 2005, 144; Fricke & Louven 2009, 417).

Anschließend wird das Frequenzspektrum auf elektrosensorische Weise übertragen (Aktionspotentiale) und durch die Hörnerven zum Gehirn geleitet, wo durch weitere Analyse, Interpretation und Vergleich der binauralen Signale der Versuch einer Mustererkennung unternommen wird (vgl. Hall 2003, 379ff.). Dieser Vorgang setzt eine besondere Leistung unseres Gehirns voraus, denn die normalerweise sehr komplexen und unterschiedlichen akustischen Signale müssen gleichzeitig verarbeitet werden. Dadurch trifft im Hörnerv eine Unsumme an verschiedenartigen Impulsen zusammen, woraus eine konkrete Analyse erfolgen muss.

2.2 Die Hörbahn

Die Faserverbindungen zur Weiterleitung und Verarbeitung der elektrischen Impulse von den Haarzellen des Innenohrs an den cerebralen Cortex (Großhirnrinde), bezeichnet man als Hörbahn. Die Stationen der Reizverarbeitung sind hier dargestellt:

13 Aufgrund einer solchen Anregung angrenzender Frequenzgruppen kann eine Steigerung der subjektiven Lautstärke (Lautheit) erfolgen.

Abbildung 5: aufsteigende Bahn eines Ohres

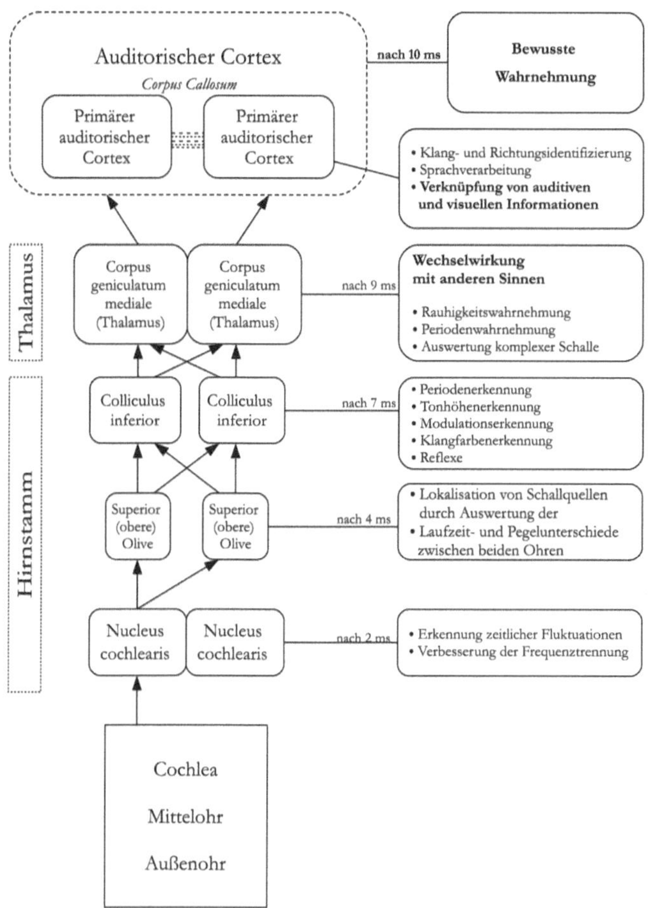

Quelle: eigene Darstellung in Anlehnung an Terhardt 1998, 54; Weinberger 1995; Deutsch 1995; Roederer 2000, 79; Gelfand 2009, 73.

Die Abbildung zeigt fünf anatomisch und physiologisch unterscheidbare Verarbeitungsebenen (Nucleus cochlearis, obere Olive, Corpus geniculatum mediale, Auditorischer Cortex). Diese Ebenen sind paarweise in beiden Gehirnhemisphären vorhanden und können als Anhäufungen einer großen Zahl an Zellen betrachtet werden. Die Pfeile in der Abbildung skizzieren die Nervenverbindungen untereinander. Aus der Skizze wird ersichtlich, dass bereits in niederen Verarbeitungsebenen ein Informationsaustausch binauraler Signale zwischen rechter und linker Hemisphäre zustande kommt. Dadurch sind intermodale Wechselwirkungen möglich. Ein diffuses Neuronennetzwerk im Hirnstamm, die Formatio Reticularis, kann die integrative Verarbeitung mehrerer Sinnesqualitäten anregen. So kann bereits dort die Weiterverarbeitung bezüglich intermodaler Korrespondenzen beeinflusst werden (vgl. Hurte 1982, 28). In den Fenstern der rechten Spalte ist aufgelistet, welche analytischen Vorgänge stattfinden können, bis der akustische Reiz vom Innenohr zum auditorischen Cortex gelangt, wo er schließlich bewusst wahrgenommen wird und wo es über das Nervenfaserbündel (Corpus Callosum) zu einem Informationsaustausch zwischen linker und rechter Hemisphäre kommt.

Auditorischer Cortex

Nach dem Eintreffen des akustischen Reizes werden quasi auf der ersten Ebene in einem sensorischen Speicher die elementaren akustischen Muster (Tonhöhe, Klangfarbe, Intensität, Rauigkeit) analysiert und gespeichert. Dies erfolgt in den ersten 10 bis 100 Millisekunden (vgl. Jäncke 2008, 280; Lehmann & Logie 2009, 356). Das kann mittels EEG[14] gemessen werden. So kann bereits ein einzelner Ton semantische Information vermitteln und zwar schneller als Sprache (vgl. Kölsch & Schröger 2009, 394).

Auf der zweiten Ebene (100 bis 200 Millisekunden) findet die Integration von Einzelinformationen statt, wodurch Melodie- und Intervallstrukturen erschlossen werden können. Gleichzeitig werden diese Strukturen in einem eigenen Gedächtnisspeicher abgelegt, der als auditorisch-sensorisches Gedächtnis bezeichnet wird. Hier werden bereits Querverbindungen zum semantischen Gedächtnis und den emotionsverarbeitenden Zentren hergestellt (vgl. Jourdain 2008, 180f.; Jäncke 2008, 280f.).

Die dritte Ebene (180 bis 400 Millisekunden) gilt der Analyse von Harmonie und Rhythmus, sowie der vertiefenden Analyse der Klangfarbe. Darauf folgend (600 bis 900 Millisekunden) werden rhythmische

14 Methode zur Messung der kortikalen Nervenzellenaktivität durch Spannungsschwankungen in der Großhirnrinde (vgl. Trimmel 1990; Birbaumer & Schmidt 2006, 360).

und melodische Fehler erkannt und eventuell Korrekturen vorgenommen. (vgl. ebd., 281).
In den nächsten Sekunden erfolgt eine Weiterverarbeitung mit mittelfristiger Speicherung im Arbeitsgedächtnis (AG) oder auch Kurzzeitgedächtnis (KZG) genannt. Hier können die Informationen mit bestehendem Wissen verglichen und verknüpft werden, was die Bedingung für eine langfristige Speicherung ist. Sind die Informationen vernetzt und weisen sie eine „gute Gestalt" auf, werden sie im Langzeitgedächtnis (LZG) zwischen Sekunden und Jahren gespeichert (vgl. Lehmann & Logie 2009, 356).

Aus dieser Beschreibung wird zum einen deutlich, mit welcher Geschwindigkeit komplexe Informationen aus einem akustischen Reiz gewonnen werden können. Zum anderen ist nachvollziehbar, wie ein Reiz durch interagierende Reize anderer Modalitäten und bereits gespeicherte Gedächtnisinhalte beeinflusst werden kann.

2.3 Gestaltwahrnehmung

Will man verstehen, wie Informationen im menschlichen Gehirn verarbeitet werden, so muss man auch dort ansetzten, wo sie aufgenommen, wahrgenommen und erkannt werden. Von der visuellen Wahrnehmung ist bekannt, dass unser Gehirn bei der Wahrnehmung von Reizen Gestaltqualitäten (also eine bestimmte Ordnung in der Reizstruktur) sucht, um diese besser im Gedächtnis abbilden und interpretieren zu können.

Im Folgenden wird beschrieben, anhand welcher Muster Gestalten gebildet werden und wie deren Speicherung im Gedächtnis erfolgt. Dieses Wissen ist förderlich, um die anschließende Verarbeitung von Musik sowie die Kognitionsbildung (siehe Kapitel 4.2) besser nachvollziehen zu können.

Die Anfänge der Gestaltbildung sind 1890 mit dem Assoziationsmodell des Bewusstseins von Christian von Ehrenfels zu verzeichnen. Er prägte den Begriff Gestalt und formulierte als zwei zentrale Kennzeichen der Gestalten die Prinzipien von Übersummativität und Transponierbarkeit am Beispiel der Melodie, die ein strukturelles Gefüge darstellt und ganzheitlich wahrgenommen wird. „Hieraus geht unwiderleglich hervor, dass die Melodie oder Tongestalt etwas Anderes ist, als die Summe der einzelnen Töne, auf welchen sie sich aufbaut." (Ehrenfels 1890, 259). Anhand dieser Kennzeichen wurden später von den Gestaltpsychologen der Berliner Schule, insbesondere von Max Wertheimer (1923), fünf Gestaltgesetze formuliert, die sich jedoch vorerst auf die visuelle Wahrnehmung bezogen. Dennoch lassen sich die Gesetze auf die musikalische Wahrnehmung adaptieren und zu Gestaltungs- und Gruppierungsprinzipien auditiver Reizmuster zusammenfassen. Deutsch zeigt dies in zahlreichen Hörexperimenten (vgl. Deutsch 1994; 1999). So wird analog zur visuellen Wahrnehmung jeder Wahrnehmungsvorgang

> *„durch abgespeicherte Muster unterstützt, die im Rahmen von Lernprozessen etabliert wurden und zur Ergänzung der lückenhaften Information der Sinneskanäle verwendet werden“* (Haverkamp 2009, 15).

Es gibt eine Vielzahl von Gestaltgesetzen. Einige sind für diese Thematik weniger relevant. Die wichtigsten (fett gedruckt) werden hier erklärt, da sie im weiteren Verlauf dieser Arbeit Anwendung finden.

Tabelle 3: Liste wichtiger Gestaltgesetze

	Gruppierung aufgrund...
Gesetz der Nähe	**...zeitlicher Nähe**
Gesetz der Ähnlichkeit	**...musikalischer Parameter**
Gesetz des gemeinsamen Schicksals	...übereinstimmenden Verhaltens
Gesetz der guten Fortsetzung	...der einfachsten Bewegung
Gesetz der Geschlossenheit	...(ab)geschlossener Strukturen
Prägnanzgesetz = „Gesetz der guten Gestalt“ (übergeordnetes Gesetz)	**Ergänzung aufgrund von Plausibilität und Einfachheit**

Quelle: vgl. Deutsch 1994b, 343ff.

Ehrenfells stellt besonders die Gestaltqualität der **Ähnlichkeit** in den Vordergrund, woraus sich eine gute Gestalt erkennen lässt. Auch für Fricke (vgl. 1993, 188) bilden die Ähnlichkeitsbeziehungen zwischen den musikalischen Parametern (Tonhöhe, Klangfarbe, Zeit, Lautstärke) die Grundlage für die Wahrnehmung einer Melodie, wodurch z.B. der Melodieverlauf einer einzelnen Stimme verfolgt werden kann. Weitere Ähnlichkeitsbeziehungen finden sich in der Artikulation und der räumlichen Position der Schallquelle. Werden diese Parameter verändert, so entstehen Gruppierungsgrenzen (vgl. Pfleiderer, 2006, 60).

Für die Gestaltwahrnehmung wichtiger ist das Gesetz der **Nähe**. Sobald nämlich Pausen in einer zeitlichen Abfolge vorkommen, wird die Tonfolge aufgrund der zeitlichen Nähe gruppiert. Für eine solche Gruppierung sind allerdings die Pausen nicht zwingend. Gruppierungen entstehen auch bei einer Folge identischer Ereignisse. Das bezeichnet man als „subjektive Rhythmisierung“ (vgl. Handel 1989, 387). Gemäß der subjektiven Rhythmisierung werden meist zwei oder drei Ereignisse gruppiert. Dieses Phänomen kann bei den meisten Melodieverläufen beobachtet werden und findet auch Anwendung bei der Gestaltung eines Audiologos. Das Gesetz der Nähe ist für die melodische Kontur von großer Bedeutung. Aufgrund der zeitlichen Nähe und der Nachbarschaft innerhalb des Frequenzspektrums (Grundtonhöhe) werden Töne zusammengefasst (vgl. de la Motte 1996, 111). Gleiches geschieht, wenn sich diese Töne in Klangfarbe und Frequenz stark ähneln. In diesem Fall wirken zwei Organisationsprinzipien zusammen.

Aus den Gestaltgesetzen lässt sich folgern, dass ein Melodieverlauf besonders prägnant erscheint, wenn er kleine Intervalle (u.a. Sekundgang) im gleichen Ambitus, gleiche Klangfarbe und eine Gruppierung von ca. fünf Tönen aufweist. Somit ist dies ein erster praktikabler Aspekt für die Gestaltung eines Audiologos.

Heute wird der Begriff der Gestaltbildung für Modelle des Wahrnehmens und Erkennens von Zusammenhängen häufig durch die Synonyme „Chunk“, „Figur“ und „Muster“ ausgedrückt (vgl. de la Motte 1996, 84).

Sämtliche Gestaltgesetze stimmen darin überein, die eingehende auditive Information zu gruppieren (Klangzeitgestalt). Dabei sind die aufeinanderfolgenden Ereignisse miteinander verkettet und bilden einen sogenannten Auditory Stream. Die Organisationsprinzipien durch Strombildung (auditory streaming) wird bei Bregman (vgl. 1990 u. 1999) durch die „Auditory Stream Anaysis“ erklärt. Die auditive Verkettung aufeinanderfolgender Ereignisse ist entscheidend bei der Informationsaufnahme. Nur so kann gewährleistet werden, dass das Gehirn Gestalten erkennt und bestimmte Gruppierungen vornimmt. Diese Gruppierungen erfordern sowohl eine sinnvolle Zusammensetzung (Integration) einzelner Ereignisse als auch die Trennung (Segregation) von solchen Objekten. Auf diese Weise ist das Gehör in gewissem Umfang in der Lage, mehrere gleichzeitig vorhandene Schallsignale voneinander zu trennen (vgl. Terhardt 1998, 370f.). Das kann anhand der Musikwahrnehmung und speziell der Wahrnehmung von Mehrklängen demonstriert werden. Gleichzeitig erklingende Töne verschmelzen zu einem Akkord, indem eine Integration im Frequenzbereich erfolgt. Aufeinanderfolgende Töne werden allerdings als Melodie empfunden. Die Töne werden mit Übereinstimmung der Klangfarbe oder des Frequenzbereichs gruppiert (vgl. de la Motte 1996, 99; Louven 2005, 209).

Durch Gruppierungen sind Informationen vergleichbar, was wichtig für die Interpretation der Umwelt ist. Die musikalische Interpretation erfolgt dabei anhand gestaltbildender Parameter wie Frequenz, Klangfarbe und Lokalisation der Schallquelle (vgl. Lange 2005, 84). Um in diesem Fall akustische Reize zu interpretieren und ihre Bedeutung zu entschlüsseln, bedarf es der Mustererkennung (Pattern Recognition), die die wesentliche Aufgabe des menschlichen Wahrnehmungssystems ist. Nur so besteht die Möglichkeit, bekanntes Wissen, das im Gedächtnis in Form von Schemata angeordnet ist, mit den eingehenden Reizen zu analysieren, zu interpretieren und zu verstehen. „Dieser aktive Prozess ist letztlich das, was wir Hören nennen“ (Spitzer 2009, 116).

Schematheorie

Kognitive Schemata sind die Verallgemeinerung der Realität. Das menschliche Gehirn legt Schemata an, um die große Anzahl äußerer Einflüsse zu ordnen und zu kategorisieren. Das soll vor einer kognitiven Überlastung schützen (vgl. Stoffer 1998, 1859). Die Bildung von Schemata vereinfacht also die Selektion und weiterführende Interpretation von Ereignissen, die subjektiv verarbeitet werden. Ein Schema ist „the primary meaning and processing unit of the human information-processing system“ (Rumelhart & Norman 1978, 41), „in de[m] spezifische Exemplare und Erfahrungen der Realität verallgemeinert sind“ (Roth 2005, 64).

Die Schematheorie kann als Rahmenmodell der menschlichen Informationsverarbeitung gesehen werden. Die Schemata sind in diesem Modell abstrakte Wissensstrukturen im kognitiven System. Sie entstehen aus konkreten individuellen Erlebnissen, Prozessen der Vereinfachung, Klassifikation und Verallgemeinerung und äußern sich in der Struktur musikalischer Formprinzipien und im Stil (vgl. Louven 2005, 222). Mittels Schemata werden „neue konkrete Situationen mit neuen realen Eigenschaften in bekannte Kategorien eingeordnet und somit bewältigt“ (ebd.). Es entsteht ein Netzwerk untereinander in Beziehung stehender Wisseneinheiten, woraus weitere Informationen erschlossen werden können. Damit hat das Modell der semantischen Netze das veraltete Schablonenmodell abgelöst (vgl. de la Motte 2005, 63). Wird beispielsweise ein Begriffspaar als widersprüchlich oder unlogisch bezeichnet, kann das auf eine schwach oder gar nicht ausgeprägte semantische Verbindung zurückgeführt werden (vgl. Rumelhart & Norman 1978, 42f.). Unter gedächtnispsychologischer Betrachtung des Markenimage haben Schemata eine Kategorisierungsfunktion. Markenschemata, als mentale Repräsentationsformen im Langzeitgedächtnis, sind komplexe Wissenseinheiten, die typische Eigenschaften und standardisierte Vorstellungen von Objekten, Ereignissen und Situationen umfassen (vgl. Esch 2003, 67ff.; Caspar 2002, 246).

2.4 Psychoakustik

Die Psychoakustik widmet sich dem Kontext der menschlichen Wahrnehmung und Empfindung von Schall - also dem subjektiven Hörereignis – und der physikalischen Größe Schall (Schallereignis) (vgl. Fricke & Louven 2009, 413). Zur Untersuchung akustischer Wahrnehmung kommen Methoden der Physik, Neurologie und Psychologie zum Einsatz. Dabei ist die unbewusste Wahrnehmung ein wichtiges und unbedingt zu berücksichtigendes Phänomen.

Da man dem immensen akustischen Informationsfluss beinahe schutzlos ausgeliefert ist und nicht in der Lage ist, all diese Reize im Bewusstsein zu verarbeiten, bietet der menschliche Organismus durch Selektion eine Art Schutzfunktion vor der Reizflut an. In den Ergebnissen der Forschung führt diese Funktion dazu, dass Probanden unbewusst wahrgenommene akustische Signale fälschlicherweise als nicht-wahrgenommen beschildern. Gründe für dieses Verhalten sind vor allem im persönlichen akustischen Umfeld und in der Sozialisation der Probanden zu suchen. Dieser Umstand ist für die akustische Markenführung von größtem Interesse und muss zu Gunsten eines erfolgreichen Konzepts berücksichtigt werden.

Aus psychoakustischen Messungen lässt sich schließen, dass es vom Hörer unabhängige, weitgehend sensorisch bedingte Hörparameter gibt, die das empfundene angenehme und unangenehme Gefühl von akustischen Signalen in systematischer Weise beeinflussen. Als relevante Parameter lassen sich dabei die psychoakustischen Empfindungsgrößen Lautheit, Schärfe[15], Tonhaltigkeit[16], Schwankungsstärke und Rauigkeit[17]

15 ausgeprägter Schallanteil in hohen Frequenzbereichen beeinträchtigt sensorischen Wohlklang (vgl. Zwicker & Fastl 1999).

herausstellen (vgl. Zwicker, 1982). Meist wird ein akustisches Ereignis umso „schöner" beurteilt, je weniger rau, scharf und je voller es klingt. So beeinflussen diese Parameter den sensorischen Wohlklang (vgl. Reuter 2005, 259).

2.4.1 Maskierung

Bei der Eigenschaft eines Schalls, einen anderen Schall zu verdecken, wenn dieser schwächer ist, spricht man von Maskierung oder Verdeckung. Tiefe Schalle verdecken dabei hohe, mehr als hohe tiefe. Erklärt werden kann dies anhand der Schwingungsmuster auf der Basilarmembran (⇒ Kapitel 2.1). Der maskierte Schall wird umso leichter gehört, je größer die Differenz der Frequenz zwischen dem maskierten und maskierenden Schall ist.[18]

Aus dem Verdeckungseffekt lässt sich für das Audio-Branding eine wichtige Regel für Instrumentation, Arrangement und Mix formulieren. Um nämlich Maskierungen zu vermeiden, kommt es darauf an, dass jedem Element ein eigenständiger Bereich im Gesamtspektrum zukommt. Beim Autofahren etwa können die Fahrgeräusche die akustische Umgebung im Inneren des Fahrzeugs maskieren. Ein Autoradio muss deshalb lauter gestellt werden, um die Fahrgeräusche zu übertönen. Hingegen bietet eine Audiowerbung im Autoradio mit strategisch differenziertem Frequenzspektrum die Möglichkeit, die Maskierung zu mindern oder gar zu vermeiden. Da die präsenten Fahrzeuggeräusche meist dumpfer und tieffrequenter Natur sind, hat ein schmalbandig höherfrequent gestaltetes Audiologo großes Potential, vom Rezipienten wahrgenommen zu werden (vgl. Haverkamp 2009, 168). Ähnliches erfolgt durch Installation von Lautsprechern, über die Rauschen oder etwa eine Hintergrundmusik eingespielt werden, um eine privatere Umgebung durch Maskierung von

16 Tonhaltigkeit wird analog dem Begriff Klanghaftigkeit verwendet und findet Erklärung unter 5.1.4.

17 Die Rauigkeit ist die Fluktuation akustischer Signale bei einem Frequenzabstand zwischen 15 Hz und 300 Hz. Durch periodische Schwankungen der Modulationsfrequenz von unter 15 Hz entstehen Schwebungen (vgl. Ebeling 2009, 501; Hellbrück & Ellermeier 2004, 125; Zwicker & Fastl 1999).

18 zur intensiveren Auseinandersetzung mit dem Effekt der Maskierung siehe Zwicker & Fastl 1999, 61f.; Hall 2003, 398f.; Fastl 2005, 144; Raffaseder 2007, 93; Hellbrück & Ellermeier 2004, 129.

Gesprächen zu schaffen[19] (vgl. Spitzer, 2009, 68; Krugmann, 2007, 62). Diese zwei Beispiele verdeutlichen, dass die Umgebung, in der der Corporate Sound umgesetzt wird, stark berücksichtigt werden sollte und eventuell entsprechende Versuche im Vorfeld zu unternehmen sind.

Technische Flexibilität und Übertragung:

Bei diversen Kommunikationssystemen wie bei der Fernsehübertragung, beim MP3-Format oder anderen Kompressions- und Reduktionsverfahren werden aus einem Schallsignal diejenigen Frequenzen analysiert und anhand von Algorithmen reduziert, die aufgrund des Phänomens der Maskierung nicht gehört werden würden. Das reduzierte Signal weist zwar eine scheinbar gleiche Qualität auf wie das Ausgangssignal, besticht aber durch den Bruchteil an Datenvolumen. Das macht den Transport und Einsatz (z.B. Web 2.0, Streaming) gegenüber dem Ausgangsmaterial enorm effizient.

2.4.2 Residualton

Die Bezeichnung Residualton oder Residuum geht auf Jan Frederik Schouten (1940) mit seiner Periodizitätstheorie zurück und beschreibt einen entsprechenden virtuellen Grundton, der aufgrund periodischer Schallschwingung wahrgenommen wird (vgl. Hall 2003, 384f.; Reuter 1996, 18).

Ein harmonischer Klang besteht bekanntlich aus einem Grundton und seinen harmonischen Vielfachen, den Obertönen. Bei der Tonhöhenwahrnehmung wird der erste Grundton (1. Teilton) stärker wahrgenommen, als er eigentlich ist. Fehlt allerdings der erste Teilton im Gesamtklang, so ändert dies auch nichts an der Grundtonwahrnehmung. Das Gehör ist in der Lage, den fehlenden Grundton aufgrund der vorhandenen Gesamtperiode zu ergänzen und diesen „virtuell" wahrzunehmen (vgl. Reuter 1996, 18ff.; Fricke & Louven 2009, 426). Wie man hier sieht, liegt zwischen Realität und Wahrnehmung häufig eine Kluft. Allgegenwärtige Klänge bilden ein unzusammenhängendes Chaos. Um

19 Das Ziel der Maskierung von Gesprächen verfolgt z.B. die Application "Sonic Blocker" (Entwickler: audity) für iPhone und iPad.

daraus einen Sinn herauszufiltern, bedarf es ununterbrochener Interpretation des Gehirns, das vermutet und ausschließt.

> *„Das Gehirn versucht offenbar mit allen Möglichkeiten geordnete Muster auch dann zu erkennen, wenn solche physikalisch gar nicht vorhanden sind. Es macht sich lieber eine falsche Ordnung als gar keine.“* (Winkelhaus 2009, 6).

Das Phänomen des Residuums äußert sich in der Praxis z.B. beim Telefonieren und bei dem Telefon vergleichbaren Lautsprechereigenschaften. Die durchschnittliche Grundfrequenz erwachsener deutscher Sprecher beträgt für Männer 116 Hz, für Frauen eine Oktave höher (205 Hz) (vgl. Schmicking 2003, 156/Fussnote108; bei Deutsch 1994a, 16 (Männer 120 Hz, Frauen 240 Hz)). Die Stimme des Gesprächspartners oder eine andere akustische Darbietung wird in Originaltonhöhe gehört, wobei diese wegen der schmalbandigen Wiedergabe der Lautsprecher (beim Telefon ca. 300 – 3400 Hz, vgl. Hellbrück & Ellmeier 2004, 122) gar nicht übertragen werden. Somit kann auch für Telefonwarteschleifen oder andere Formate, die in technischer Hinsicht determiniert sind (z.B. Transistor-Radiogerät, Handylautsprecher), dennoch (mit Einschränkungen) ein tieferer Grundton imaginär dargestellt werden, was einen klaren Vorteil für eine plastische und realistische Empfindung bietet.

2.4.3 Cocktailparty-Effekt

Werden im Ambiente einer Geräuschkulisse (z.B. gesprochenes Wort) parallel auch akustische Signale aus TV- oder Radiogerät wiedergegeben, sodass sich die Schalle beider Kanäle überlagern und miteinander konkurrieren, ist man dennoch fähig, dem Inhalt von mindestens einem der zwei (oder mehr) Kanäle zu folgen. Es besteht also die Möglichkeit einer persönlichen Selektion. Interessanterweise kann aber eine sofortige Aufmerksamkeit hergestellt werden, wenn über einen der gerade unbeachteten Kanäle eine für den Rezipienten relevante Information erklingt, wie z.B. der eigene Name. Dieses Phänomen nennt man den Cocktailparty-Effekt. Flückiger nennt bei dem Phänomen einen Zusammenhang von Aufmerksamkeit und Selektion. Beide Vorgänge resultieren nämlich

> *„aus der Notwendigkeit, ein komplexes Reizangebot so zu strukturieren, dass der Informationsfluss den biologischen Gegebenheiten des zentralen*

> *Nervensystems und den Anforderungen des Organismus optimal entspricht."* (Flückiger 2001, 244).

Der Cocktailparty-Effekt wird begünstigt durch die Binaural Masking Level Differenz (BMLD), d.h., dass durch beidseitiges Hören und den Phasen- und Amplitudendifferenzen an beiden Ohren Störgeräusche unterdrückt werden können und damit das Signal-Rausch-Verhältnis verbessert wird (vgl. Hellbrück & Ellermeier 2004, 156). Die Erklärung, warum es zu diesem Cocktailparty-Effekt kommt, wird in verschiedenen Modellen formuliert. Sie werden später im Zusammenhang mit den Aufmerksamkeitsmodellen (⇒ Kapitel 4.2) dargestellt.

Einige Eigenschaften des Cocktailparty-Effekts sind beim Einsatz von Audiologos sehr bedeutend. Die selektive Aufmerksamkeit schafft nämlich Beachtung und richtet die Konzentration auf das beworbene Objekt. Die Kombination von auditiven und visuellen Reizen unterstützt den Effekt zusätzlich, da auf diese Weise mehr Information zur Lokalisierung des Objekts gegeben ist. So kann ein schon bekanntes Audiologo als Schlüsselreiz dienen, Aufmerksamkeit zu erregen und eine höhere Bereitschaft für den Werbespot beim Rezipienten auszulösen. Außerdem können zusammen klingende Musikinstrumente verschiedener Formantbereiche voneinander differenziert gehört werden, was bei Instrumenten überlappender Formantbereiche nicht der Fall ist (vgl. Reuter, 1996).

Das Kapitel Psychoakustik kann abschließend so resümiert werden, dass einige Wahrnehmungsphänomene, die bislang auf psychologische Ordnungsfaktoren zurückgeführt wurden, in der Psychoakustik ihre Ursache haben.

3. Musikalische Kommunikation im Werbezusammenhang

Bevor nun im nächsten Kapitel die innermusikalischen Gestaltungsweisen für Audiologos besprochen werden, soll auch auf die allgemeine Kommunikation im Werbezusammenhang eingegangen werden. Diese hat die primäre Aufgabe der Informationsvermittlung und schließt mit ein, dass eine Botschaft richtig verstanden wird. Kommunikation ist daher

> *„[...] die Übermittlung von Informationen und Bedeutungsinhalten zum Zweck der Steuerung von Meinungen, Einstellungen, Erwartungen und Verhaltensweisen gemäß spezifischer Zielsetzungen"* (Meffert 1985, 443).

Bei der Werbung wird die Marke zum Botschafter des Unternehmens. Sie steht zwischen Unternehmen (Sender) und Zielgruppe (Empfänger), fungiert als Bedeutungsträger und agiert meist gemäß dem bekannten Sender-Empfänger-Modell nach der Informationstheorie von Shannon & Weaver (vgl. Shannon 1949; Krallmann & Ziemann 2001). Die Bedeutungen existieren in sprachlichen und nicht-sprachlichen Zeichensystemen. Die Wissenschaft, die sich mit diesen Systemen beschäftigt, heißt Semiotik und kann in diesem Fall herangezogen werden, um die kommunikativen Prozesse der akustischen Markenführung und Markenkommunikation zu analysieren. Die Zeichen entstehen dabei erst, wenn einem physisch erfassbaren Signal von einem Empfänger eine Bedeutung oder ein Sinn zugeordnet wird. Um ein Zeichen verstehen zu können, bedarf es konventioneller Kodes, die bei Sender und Empfänger bekannt sein müssen, um die Bedeutung des Zeichens zu erfassen. Musikalische Bedeutungsträger sind Instrumentalklänge bzw. Klangfarben oder auch Musikstile im Rahmen kultureller Handlungen (vgl. Tauchnitz 1990, 51f.). Die Kodierung erfolgt nach Bedingungen der Rezeptionssituation auf unterschiedliche Weise. Daraus folgt, dass aufgrund einer gemeinsamen soziokulturellen Prägung musikalische Zeichen weitestgehend auf die gleiche Art zu Bedeutungen dekodiert werden und zu symbolisch aufgeladenen Motiven aus dem Repertoire des 'Common Sense' werden (vgl. Jacke/Jünger/Zurstiege 2000, 26). Bestenfalls hängen Bedeutungen und Images zusammen. Bedeutungen beinhalten Images und sind Auslöser für die persönlichen Einstellungen zu einer Marke (vgl. Adjouri 2002, 116).

Diese Bedeutungen, die in den unterschiedlichen Brand Sounds impliziert sind, beeinflussen, so lässt sich vermuten, den Rezipienten bzw. Konsumenten in einer gewünschten Richtung. Doch mangelt es an empirisch gesicherten und homogenen Ergebnissen aus der Forschung, die das bestätigen und zudem die Rezeptionssituation einbeziehen:

> *„Berücksichtigt man alle diese interagierenden Komponenten und beachtet man ebenfalls den grundsätzlichen Überbau medialkommunikativer Prozesse (Produktion – Distribution – Rezeption – Weiterverarbeitung und deren Rückkopplungen und Kontexte), so zeigt sich die schiere Unmöglichkeit – trotz aller kultureller Konventionen und allen kollektiven Wissens – einer verallgemeinernden Analyse der Wirkung von Musik in der Werbung."* (Jacke/Jünger/Zurstiege 2000, 34).

Folglich fehlt der Werbepraxis eine gesicherte Grundlage, auf die sie sich stützen kann. Zu bemängeln sind nicht selten die Objektivität und Vergleichbarkeit von Studien. So fehlt oftmals die Erklärung eines Zusammenhangs von Musik- und Bildebene. Es können aber auch erste Anzeichen eines Umdenkens in der Werbepsychologie erkannt werden, indem auch Kontext und Bedeutung vermehrt Berücksichtigung finden.
Dem hier genannten Zitat zufolge ist es auch nicht verwunderlich, dass eine Metaanalyse von über 153 Studien (in den Jahren 1996-1997) zur Wirkung von Hintergrundmusik divergente Ergebnisse liefert. 43,8% der Studien belegen eindeutige Wirkungseffekte, 22,9% liefern den Nachweis von komplexen bzw. schwachen Wirkungseffekten und die Zahl an Studien ohne statistisch nachweisbare Effekte beläuft sich auf 33,3% (vgl. Behne 2001, 146). Gemäß Behnes Ergebnissen kann dem Einsatz akustischer Reize kein generell positiver oder negativer Effekt zugesprochen werden. Außerdem bleibt das Reizobjekt nur das erste Glied in einer langen Kette der Wahrnehmung.

Auf eine ambivalente Einstellung der Werbewirkungsforschung weist Felser (2007) hin. Einerseits wird im Vergleich zu Früher, die Zielgruppe der Kinder in der Werbewirtschaft ernst genommen, was mit deren hohen Medien- und Konsumkompetenz verbunden zu sein scheint. Andererseits vernachlässigt man die ältere Bevölkerung trotz hoher Kaufkraft und leichter Ansprechbarkeit (vgl. Felser 2007, 349 u. 368f.). Es gilt also die Konsumkompetenz der Zielgruppen zu eruieren und entsprechend zu agieren. Als weitgehend gesichert gilt, dass der Einsatz von Musik den

Ansprüchen der Werbung gerecht werden kann, indem Musik, wie Tauchnitz (1990) und Roth (2005) feststellen, zu einer differenzierteren und positiveren Markenwahrnehmung und -einstellung führt. Denn die musikalisch gestaltete Werbebotschaft wirkt kommunikativ - das bedeutet im engen Sinne das Transportieren von Informationen über ein Medium.[20] Der strategische Einsatz von Musik kann deshalb weniger als einspurige Marketingmaßnahme gesehen werden; vielmehr hat er unterstützende Funktion. Der bloße Einsatz „entscheidet aber nicht über den Erfolg oder Misserfolg eines Angebots im Markt" (Tauchnitz 2002, 172), denn „[e]s kommt nicht darauf an, *ob*, sondern *wie* akustische Elemente eingesetzt werden." (Raffaseder 2007, 108).

20 Die Art der Kommunikation in der Werbung wird in der Theorie anhand von Modellen der klassischen Werbewirkung zu erklären versucht. Sie können bei Moser (2007, 11ff.) konsultiert werden. Allerdings scheinen sie für die auditive und multisensuelle Werbung als unzulänglich.

4. Audiologos – Wirkungs- und Funktionsaspekte

Wie kann unsere musikalische Wahrnehmung und unser musikalisches Gedächtnis erklärt werden? Was ist die Erklärung dafür, dass in unserer Wahrnehmung aus den elementaren Sinneseindrücken komplexe Phänomene wie Markenbilder entstehen? Was hat es mit Erinnerung an musikalische Strukturen auf sich? Und kann daraus eine spezielle Wirkung für ein Audiologo herausgelesen werden?

Abbildung 6: Funktionelle musikalische Parameter

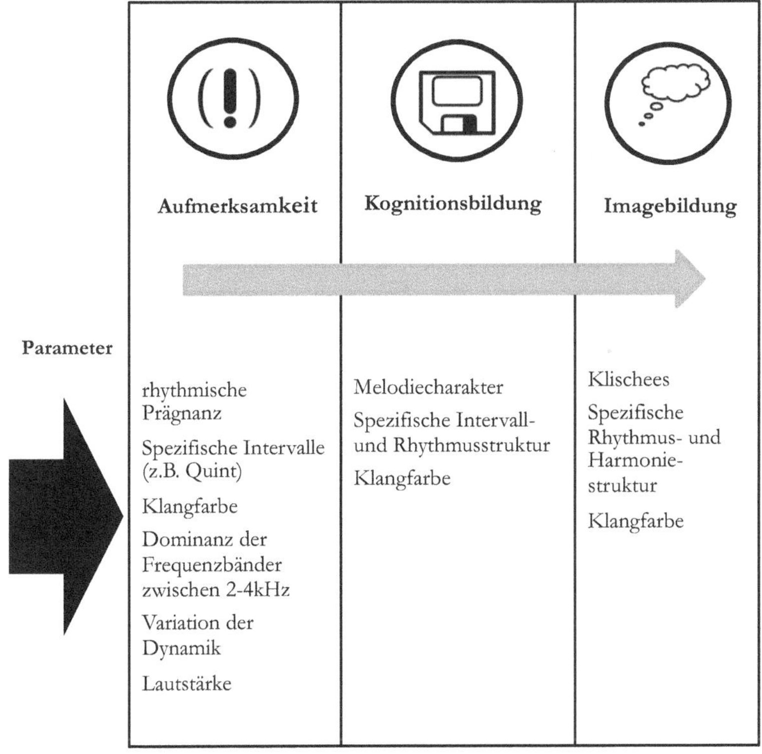

Quelle: eigene Darstellung.

Dieses Kapitel beschäftigt sich mit der Beantwortung der anfangs genannten Fragen. Als Vorschau dieses Kapitels bietet die einführende Abbildung einen Überblick über die Wirkungs- und Funktionsaspekte bei der Gestaltung eines Audiologos. Anhand der drei Unterpunkte (Aktivierung, Kognitionsbildung, Imagebildung) wird verdeutlicht, wie und warum ein akustischer Reiz emotionsauslösend wirkt, leicht erinnert wird und schließlich gewisse Markenattribute vermitteln kann. Doch zunächst müssen die unterschiedlichen psychologischen und musikalischen Gestaltungsmerkmale selektiv betrachtet werden, auch wenn sie in der Realität oft in einer Art Synergie zusammenwirken.

4.1 Aktivierung

Aufgrund des bereits erwähnten Information-Overload (⇒ Kapitel 1.3) und des damit einhergehenden meist passiven Verhaltens gegenüber Werbemaßnahmen besteht die Notwendigkeit, eine aufmerksamkeitsstarke Rezeptionssituation zu schaffen. Psychologisch betrachtet sind unter der Aufmerksamkeit die Prozesse der Auswahl und aktiven Zuwendung bei der Informationsaufnahme gemeint.

Akustische Stimuli erzeugen leichter Aufmerksamkeit als visuelle, da sie den Rezipienten auch außerhalb des Blickfeldes erreichen. Aufgrund vorliegender physiologischer und psychologischer Untersuchungen kann davon ausgegangen werden, dass Musik im Allgemeinen mehr als andere Modalitäten (Bilder, Sprache) einen aufmerksamkeitssteigernden, aktivierenden Effekt hat. Blood & Zatorre zeigen auf, dass Musik zur Aktivierung von Strukturen im Gehirn führt, die für Wachheit und Aufmerksamkeit verantwortlich sind (vgl. 2001, 11823).

Eine profitable Werbemittelgestaltung muss also Aufmerksamkeit erregen, um aufgenommen zu werden. Wichtig ist an erster Stelle der Kontrast bzw. der Bruch der Erwartungshaltung (Antizipation). So ist in der Anzeigenwerbung die Chance auf Aufmerksamkeit umso größer, je stärker der Unterschied zu anderen Anzeigen ist. Als bekanntes Beispiel kann die „Milka Kuh“ genannt werden. Die Neuartigkeit der Farbe, die von der Norm abweicht, schafft Aufmerksamkeit und ist inzwischen ein unverwechselbares Markenzeichen.

Tauchnitz (1990) präsentiert Studienergebnisse der Werbewirkungsforschung, die den akustischen Reizen ambivalente Effekte auf die Aktivierung zuweisen. Er geht von einer aktivierenden Wirkung der Musik aus, auch wenn sich die Auswertung der Studien als schwierig erweist, da die Versuchssituationen nicht immer vergleichbar sind. Kafitz (vgl. 1977, 81f.) betrachtet in seinen Experimenten die Gesamtwirkung von fünf neu erstellten, mit Musik unterlegten, textierten Werbespots mit einer Länge von 30 Sekunden, bzw. von 15 Sekunden im Vergleich zu Werbespots ohne Musik. Er konnte bestätigen, dass sich die Aktivierung der Versuchspersonen durch die zusätzliche Präsentation von Werbemusik gegenüber der Darbietung von Werbetexten ohne Musik erhöht. Er weist aber auch darauf hin, dass sich die Aktivierung der Versuchspersonen nach der subjektiven Wahrnehmung der Musik richtet. Das bedeutet, die Aktivierung ist umso intensiver, je mehr die Musik vom Rezipienten präferiert wird. Jedoch erkannte er statt einer durch Musik erhöhte Gedächtnisleistung eher einen Ablenkungseffekt durch Musik (vgl. ebd., 149ff.).

Kafitz betrachtet lediglich die Wirkung von Musik in Kombination mit verbalen Reizen und deren Botschaften. Die Verwendung von Musik bei kürzeren Formen wird nicht behandelt. Er schreibt zwar dem Jingle und seiner aktivierenden Wirkung großes Potential zu, doch werden keine weiteren Ausführungen getroffen (vgl. ebd., 155). Es ist anzunehmen, dass Kurzmotive oder Audiologos aufgrund deren Neuartigkeit noch keinen relevanten Status in der Werbung dieser Zeit innehatten. Allerdings nennt Kafitz bei der Darstellung seiner Methodenwahl die Möglichkeit, eine auf den musikalischen Einzelreiz bezogene Analyse durchzuführen. So wäre es möglich die aktivierende Wirkung einzelner Töne eines Audiologos zu messen und deren Wirkung auf die gedankliche Verarbeitung der gleichzeitig dargebotenen Texte oder der nachfolgenden Musikreize zu untersuchen. Aus forschungsökonomischen Gründen verzichtet er aber auf diese Untersuchungen, hätten sich daraus bis heute möglicherweise interessante Erkenntnisse entwickelt. Auch sind die verwendeten Musikstile (Marsch, Volksmusik, Schlager), die im heutigen Corporate Sound verschwunden zu sein scheinen, für aktuelle Diskurse obsolet. Es wird vermutet, der Wandel in der stilistischen Gestaltung hat sich aufgrund der Entstehung von neuen Stilen und veränderten Produktionsbedingungen vollzogen. Das betrifft besonders die Klangfarbengestaltung. Will man mit neuen Klängen und Klangfarben punkten, so liefert das klassische Instrumentarium nicht immer ausreichend Möglichkeiten und es muss auf den „modernen" synthetischen Klang gesetzt werden, um Assoziationen wie „Innovation" anzukündigen.

Aus den genannten Gründen ist zu vermuten, dass die Wirkungsleistung von Musik und Klang von innermusikalischen Merkmalen, aber auch von angrenzenden Modalitäten und Umwelteinflüssen beeinflusst wird. Der integrative Einsatz ist daher eine nicht zu missachtende Maßnahme.

4.1.1 Physiologische Aktivierung

Eine physiologische Aktivierung über den auditiven Kanal lässt sich durch einige Ergebnisse erklären, die als gut abgesichert gelten. Durch eine Verbindung der Hörbahn zur Formatio Reticularis (FR) im Stammhirn kommen Weckreaktionen und eine allgemeine Aktivierung zustande. Ebenfalls beteiligt sind andere Funktionseinheiten des Zentralen Nervensystems (ZN) wie der Hypothalamus (Schaltzentrale des vegetativen Nervensystems), der dem limbischen System (emotionale Reaktionen) untergeordnet ist. Aufgrund der Zusammenhänge des auditiven Systems mit der Aktivierung des Zentralnervensystems, sind deutliche vorbewusste physiologische Reaktionen anzunehmen. Diese Reaktionen sind in messbaren körperlichen Veränderungen überprüfbar und gelten als gesicherte Befunde (vgl. Tauchnitz 1990, 36, 38; Kafitz 1977, 21ff.; Hellbrück & Ellermeier 2004, 170). Solche vegetativen Reaktionen sind Änderungen der Herzfrequenz, Atemfrequenz, Augenbewegung, des Hautwiderstandes sowie die Erhöhung des Muskeltonus und der Hauttemperatur. Insgesamt können ca. 40 Veränderungen im menschlichen Organismus registriert werden (vgl. Rötter 2005b, 271).

Im Besonderen übt die Lautstärke einen unmittelbaren und unwillkürlichen Einfluss auf die psychischen und vegetativen Funktionen aus. Werden akustische Reize ab ca. 60 dB dargeboten, so führt das zu einer unwillkürlichen Aktivierungsreaktion, die sich in Blutdruckerhöhung, Herzfrequenzsteigerung, Verengung der Kapillaren und erhöhtem Muskeltonus zeigt (vgl. Rudolph 1993, 79).

4.1.2 Aufmerksamkeitsmodell

Um mit dem akustischen Reiz einen Effekt zu bewirken, ist Aufmerksamkeit die erste Bedingung. Die Aktivierung liefert die Energie für die Aufmerksamkeit, sei sie willkürlich oder unwillkürlich und ist für die beeinflussende Wirkung eines Audiologos Voraussetzung. Denn durch die Aufmerksamkeit werden relevante Informationen ausgewählt und seriell in das KZG weitergegeben (vgl. Lange 2005, 76).

Willkürliche Aufmerksamkeit – auch als Top-Down-Prozess bezeichnet – ist die aktive und bewusste Ausrichtung des Rezipienten auf die Reizquelle. Die unwillkürliche Aufmerksamkeit – Bottom-Up-Modus genannt – wird durch starke oder besonders interessant erscheinende Reize (z.B. Musik) ausgelöst, die unerwartet in das Wahrnehmungsfeld gelangen (vgl. Börger 1993, 47).

Die Aktivierung der Aufmerksamkeit entspricht einer besonderen Verarbeitungstiefe und ist ein selektiver Mechanismus. Sie ist nicht im Sinne der Filtertheorie als ein Gatter zu verstehen, das bereits die Aufnahme der Sinnesorgane beeinflusst. Es werden alle Reize aufgenommen, egal wo der Fokus liegt (vgl. de la Motte 1996, 117). Deshalb hört man selbst in einer dichten Geräuschkulisse, wenn der eigene Name gerufen wird (siehe Cocktailparty-Effekt). Auf den eigenen Namen ist man besonders sensibilisiert. Dieser Reiz „break through the attentional barrier“ (Moray 1959, 58) und hat eine semantisch motivierte Auslöserfunktion. Sobald etwas Interessantes, Wichtiges, Ungewöhnliches, Gefährliches etc. im akustischen Hintergrund passiert, kann diese Information zum neuen Mittelpunkt der Aufmerksamkeit werden.

Der Aufmerksamkeit liegen verschiedene Modelle zugrunde. Die wichtigsten werden hier genannt und liefern schließlich auch eine Erklärung des Cocktailparty-Effekts:

In der Filtertheorie der frühen Selektion von Broadbent (1958) wird auf die begrenzte Verarbeitungskapazität des Arbeitsgedächtnisses (AG)/KZG hingewiesen. Broadbent stützt sich bei der Theorie auf das informationstheoretische Modell von Shannon & Weaver (1948), die die Kommunikation anhand des Sender-Empfänger-Modells erklären. Er stellt in experimentellen Studien (dichotische Hörtests) fest, dass in einer gewissen Zeitspanne nur eine begrenzte Anzahl an Informationen verarbeitet wird, d.h. es können nur dann mehrere Informationen gleichzeitig verarbeitet werden, wenn sie einfach strukturiert sind. Weisen Reize eine hohe Komplexität auf, so wird das System (nach dem Flaschenhalsprinzip) zur Selektion gezwungen. So wird das Reizverarbeitungssystem vor Überlastung geschützt. Die Selektion kann reguliert werden, indem der Filter verschoben, d.h. die Aufmerksamkeit dem als relevant erscheinenden Kanal gewidmet wird (vgl. Deutsch & Deutsch 1963, 80f.; Treisman 1964a, 13; Flückiger 2002, 245f.). Bei hoher Reizdichte (Lärm, hohe

Lautstärke) ist das System nicht mehr in der Lage, einen akustischen Reiz herauszufiltern, sei er irrelevant oder relevant. Eine simultane Verarbeitung von unterschiedlichen Reizen wird somit eingeschränkt (vgl. Flückiger 2002, 139).

Treisman geht mit ihrer Dämpfungstheorie (Abschwächungstheorie) einen Schritt weiter und entwickelt das Modell einer stufenweise aufgebauten Wahrnehmung. Sie zeigt durch eine Modifikation der Experimente von Broadbent, dass Mitteilungen nicht ausschließlich nach physischen Eigenschaften (u.a. Klangfarbe), sondern auch aufgrund des Inhalts verarbeitet werden. Gemäß ihrer Theorie werden eintreffende Reize nach physikalischen sowie nach plausiblen Mustern und Bedeutungen analysiert (vgl. Treisman 1960; 1964b). Auf diese Weise kann z.B. eine bekannte Stimme aus den Umgebungsgeräuschen herausgehört werden.

Deutsch & Deutsch (1963) entwickeln die Theorie der späten Selektion. Die Neuerung zu Broadbent und Treisman ist die Erweiterung der Versuche durch den Einsatz von nicht-sprachlichen akustischen Reizen (vgl. Schlemmer 2005, 189) sowie der Verarbeitung semantisch verwandter Wörter. So sollen eingehende Reize vollständig auf sensorischer und semantischer Ebene analysiert werden, bevor nicht relevante Reize später ausgesondert werden:

> *„ […] a message will reach the same perceptual and discriminatory mechanisms whether attention is paid to it or not; and such information is then grouped or segregated by these mechanisms.“* (Deutsch & Deutsch 1963, 83).

Die Relevanz der Reize resultiert nach Norman (1986) aus psychoakustischen Eigenschaften sowie Erwartungshaltung und Prägnanz der eingehenden Reize.

Zusammenfassend unterscheiden sich die zwei Arten der Aufmerksamkeit folgendermaßen: Auslöser von willkürlicher Aufmerksamkeit sind Inhalt und Sinn des Reizes, während unwillkürliche Aufmerksamkeit schon durch bloße Veränderung des Reizes ausgelöst wird. Diese Veränderung kann zustande kommen durch Variationen der Lautstärke, der Klangfarbe oder der Tonhöhe (vgl. Flückiger 2002, 252).

4.1.3 Involvement

Als Involvement bezeichnet man beim Rezipienten die „mentale Bedingung, auf die Werbung beim Empfänger trifft“ (Lachmann 2003, 27, zit. n. Felser 2007, 59). Die Höhe des Involvement nimmt Einfluss auf die Informationsverarbeitung und trägt dazu bei, aufzuklären, warum dieselbe Werbebotschaft bei verschiedenen Personen unterschiedlich wirkt.

Hoch involvierte Rezipienten (High-Involvement) kommunizieren bewusst mit einem Werbekontakt und setzen sich damit auseinander. Enthält der Werbekontakt vertraute Reize bzw. vertraute Schemata, so resultiert daraus ohne viele Wiederholungen eine geringe Verarbeitungszeit und hohe Verarbeitungsintensität. Beim High-Involvement spricht man von der zentralen Beeinflussung.

Bei schwach involvierten Rezipienten (Low-Involvement) liegt eine geringe Verarbeitungstiefe vor. Sie sind eher abgelenkt und die aktive Identifikation mit der beworbenen Marke fehlt. Dennoch ist beim Low-Involvement eine emotionale Ansprache, beispielsweise durch eine „schöne Gestaltung“, möglich. Beim Low-Involvement spricht man von der peripheren Beeinflussung (vgl. Felser 1997, 123; Roth 2005, 112f.).

Die Involvementsituation ist aber noch komplexer, denn es wird zusätzlich unterschieden, ob eine Bereitschaft besteht, sich auf der Gefühlsebene miteinbeziehen zu lassen, oder ob dafür rationale Inhalte für die Urteilsbildung verlangt werden (vgl. Felser 2007, 57):

Abbildung 7: Arten des Involvement

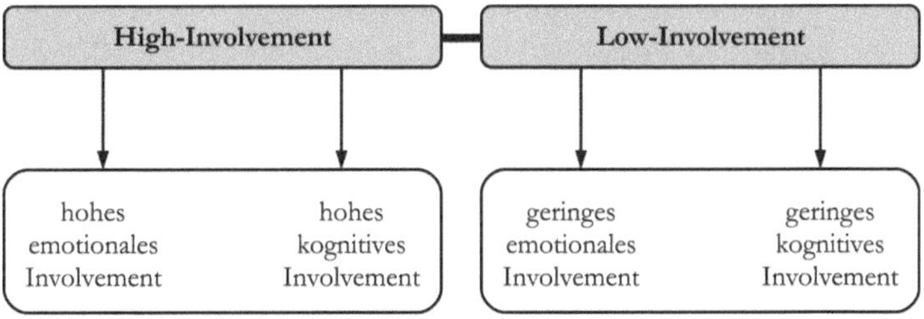

Quelle: eigene Darstellung.

Sind Rezipienten im Zustand des kognitiven High-Involvement, so nehmen sie aktiv an der Kommunikation teil. Das führt dazu, dass gerade bei emotionaler Werbung gedankliche Widersprüche und kritische Beurteilungen entstehen. Verstärkt wird dies, wenn die zu verarbeitenden Informationen keinen sinnvollen Zusammenhang zur Marke aufweisen, denn diese wollen verstanden werden. Eine bewusste und aktive Wahrnehmung erfordert Fakten und rationale Kriterien für die Bewertung des Markenauftritts. Ein kognitives High-Involvement bietet für den Werbetreibenden den Vorteil, dass mehrere Positionierungseigenschaften gleichzeitig vermittelt werden können. Der Name der Marke und das Bild dürfen unterschiedliche Eigenschaften kommunizieren, oder ein Bild kann z.B. auf die Herkunft des Produkts verweisen, der Klang auf eine Eigenschaft. Rezipienten im Zustand des kognitiven Low-Involvement können aufgrund der geringen Verarbeitungstiefe nur besonders hervorstechende dargebotene Informationen aufnehmen. Das Bedürfnis zu verstehen ist demnach nicht in so hohem Maß gegeben. Stattdessen dominiert das unbewusste Gefallen am emotionalen Gehalt. Nehmen wir Informationen aber nur beiläufig auf, hinterlassen sie auch Spuren in unserem Gedächtnis, die eine spätere Informationsverarbeitung beeinflussen, ohne dass wir Kenntnis von diesem Einfluss haben (vgl. Kroeber-Riel & Esch 2000, 160; Roth 2005, 113f.; Felser 1997, 123; Langner 2003, 286; Park & Young 1986).

Wie verschiedene Wirkungspfade bei der Wahrnehmung von Werbung verlaufen, zeigt nachfolgendes Modell. Dabei werden die Pfade durch verschiedene Faktoren beeinflusst. Dazu zählen Involvement, Art der Gestaltung und Zahl der Wiederholungen. Diese Faktoren steuern letztendlich die Art der Aufmerksamkeit und die Verarbeitung sowie die Imagebildung. Aus dem Modell ist erkennbar, dass es vier grundlegende Wirkungspfade der Werbung gibt, die in der Praxis in gemischter Form auftreten und deshalb nur schwer gemessen werden können. Hier ist der Wirkungspfad emotionaler Werbung mit geringem Involvement (durch die fett gedruckten Pfeile) hervorgehoben. Bei emotionalen Vorgängen ist es möglich, dass sich die Emotionen, ohne sich erst der Einstellungsbildung zu unterziehen, direkt auf das Verhalten auswirken. Es geht hier mehr um das „Gefallen" und weniger um das „Verstehen" der dargebotenen Botschaft.

Abbildung 8: Grundmodell der Werbewirkungspfade

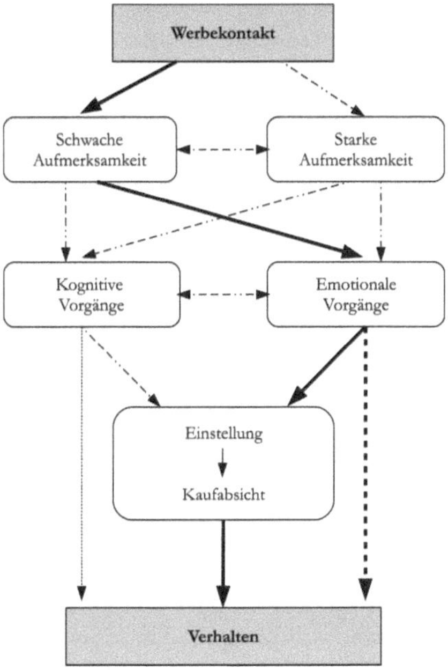

Werbekontakt

Schwache Aufmerksamkeit

Starke Aufmerksamkeit

Kognitive Vorgänge

Emotionale Vorgänge

Einstellung

Kaufabsicht

Verhalten

Quelle: vgl. Kroeber-Riel & Weinberg 1999, 587; Kroeber-Riel & Esch 2000, 157 u. 159.

Die Bereitschaft des Rezipienten, sich einem Reiz zuzuwenden, ist in der Massenkommunikation sehr gering. Aus Gründen wie Zeitnot und Informationsüberflutung bleibt auch das Involvement gering. Ein Beispiel für ein typisches Low-Involvement Medium ist das Radio, das meist nur passiv konsumiert wird. Radiowerbung zielt auf eine Aktualisierungswirkung ab, d.h. in relativ kurzer Zeit die Bekanntheit und dadurch die Akzeptanz eines Produkts zu vergrößern. Wegen des passiven Konsums fordert das Radioformat daher die Notwendigkeit von akustischen Bildern, um leichter aufgenommen und erinnert zu werden. Um zu gefallen setzt man auf häufige Wiederholung der Markennennung (vgl. Kroeber-Riel 1996, 318f.). Den lohnenden Effekt von kurzzeitiger Radiowerbung zeigt dieses Beispiel: *HARIBO* verzeichnete bis zum 29. Januar 2007 ohne Radiokontakt einen Kaufanteil von 25,23%. Ab diesem Zeitpunkt schaltete das Unternehmen *HARIBO* für ca. drei Monate eine deutschlandweite Radiokampagne für zwei seiner Produkte. Als Ergebnis stieg der Kaufanteil (nun mit Radiokontakt) mit einem Plus von 2,1 % auf 25,78 % an. Auch wenn der Steigerungswert nicht hoch erscheint, so wird interessanterweise unter der Gruppe der Nichtkäufer die größte Steigerung im Vergleich zu Gelegenheits- oder Treuekäufern beobachtet. Eine gleiche Entwicklung zeigt eine Analyse der Radiokampagne für „Leibnitz PiCK UP!“ (vgl. HARIBO-Analyse[21]).

4.1.4 Chills und Thrills

Wird das Audiologo von Audi, mit seinem ausdrucksstarken, pulsierenden Herzschlag in vollem Frequenzspektrum über eine große PA wiedergegeben, so ist es nicht unwahrscheinlich, dass einem ein Schauer über den Rücken läuft. Dieses Phänomen wird als Chill, Thrill oder Gänsehautreaktion bezeichnet. Alle drei Begriffe meinen das gleiche, nämlich eine plötzlich Erregung mit meist physiologischen Auswirkungen. „The chill can ultimately be interpreted as the consequence of a strong stimulation of the whole nervous system“ (Grewe et. al. 2007, 313). Der Einheitlichkeit halber wird im Folgenden der Begriff Chills genutzt.

Nach Schönberger sind Chills kurze emotionale und physische Regungen, die von Menschen in bestimmten Situationen erlebt werden. Die meisten Menschen erleben diese Regungen beim Hören von Musik und zwar an ganz bestimmten Stellen. Dabei ist dieses Phänomen genreübergreifend zu beobachten (vgl. 2006, 28; 123f.). Charakteristische Begleiterscheinungen zu Chills fasst Goldstein (1980) zusammen. Neben der Gänsehautreaktion sind es ein Schauer oder Kitzeln im Nacken, Seufzen, Weinen, Herzklopfen und der bekannte „Kloß im Hals“ (vgl. Goldstein 1980, nach: Schönberger 2006, 28f.).

In einer neueren Studie weist Schönberger (2006) darauf hin, dass auch der Text, falls vorhanden, eine Rolle für Chill-auslösende Momente spielt. Doch wie entsteht diese Stimulierung und wie muss das akustische Material gestaltet sein, um solche Chills auszulösen?

Die Chillerlebnisse als Begleitung beim Musikhören beruhen laut Studien der Neuropsychologen Blood & Zatorre (2001) auf Aktivierung des

21 http://www.sfxnews.de/index.php?id=6&tx_articleteaser_pi1[uid]=121 [Zugriff: 04.10.2010]

Limbischen Systems (Belohnungssystem) und fördern die Ausschüttung von Endorphinen. Kortikale Netzwerke, in denen Vorlieben, Erfahrungen und Persönlichkeitsmerkmale gespeichert sind, gelten als mitverantwortlich dafür (vgl. Altenmüller et. al. 2007, 63). Werden diese Netzwerke angeregt, folgt eine entsprechende Reaktion. Als Auslöser fanden Altenmüller et. al. folgende musikalische Phänomene: Einsetzen des Chores und einzelner Stimmen, Verletzungen von Erwartungen und der Beginn von etwas Neuem, Wiederholung von Tonfolgen, melancholische Klänge und Änderung der Lautstärke, besonders bei der Anhebung der Frequenzen zwischen 1 und 3 kHz (vgl. 2007, 61f.).

Eben diese Frequenzen haben bei der Konzeption von Audiologos besondere Bedeutung, da sie aufgrund der Nicht-Linearität der Hörschwelle in diesem Frequenzbereich die stärkste Erregung auslösen. Diese Chill-auslösenden Strukturen haben allerdings aufgrund verschiedener Persönlichkeitsmerkmale der Probanden und deren Assoziationen mit der Musik keine allgemeine Gültigkeit. Deswegen weisen die Autoren darauf hin, dass sich zwar die genannten Grundregeln herauskristallisiert haben, jedoch nicht von einer universellen „Chill-Musik" gesprochen werden kann.

> *„Ob eine Musik […] unter die Haut geht, […] zutiefst berührt und im Innersten packt […] hängt entscheidend mit von der Bedeutung ab, die eine Musikstruktur oder Komposition jeweils für den betreffenden Hörer aufgrund seiner spezifischen Persönlichkeitsentwicklung und musikbezogenen Sozialisation besitzt."* (Rauhe 1978, 71).

Es lässt sich erkennen, dass es durchaus von Vorteil sein kann, Audio-Branding Elemente zu produzieren, die sich durch Chill-auslösende Wirkung auszeichnen und auf diese Weise besser und länger erinnert werden können. Unerlässlich ist jedoch, die Ausprägung der emotionalen Reaktionen zu testen, um im Vorfeld ungewollte Aversionen des Rezipienten gegenüber dem eingesetzten Branding-Element ausschließen zu können. Melancholische Klänge generieren nämlich eine negative Einstellung und sind somit für ein Audiologo obsolet.

4.1.5 Attraktivität von Klängen

Konsonanz, Dissonanz und die Klangsyntax

Mit sich ändernden harmonischen Schwingungsverhältnissen akustischer Signale variiert auch die Klangwahrnehmung. Dabei werden beim Vergleich zweier akustischer Signale einfache Strukturen wie z.B. übereinstimmende (koinzidierende) Obertöne als wohlklingend und angenehm empfunden. Auch gelten schon bekannte Empfindungsgrößen als Indikatoren für Konsonanz (vgl. Zwicker & Fastl 1999, 363f.). Ein dissonantes Intervall[22] entsteht aufgrund der Nähe zu einem Intervall der Prime, Quinte oder Oktave und der dadurch resultierenden Rauigkeiten zwischen den Grund- oder Obertönen. Kommen die Obertöne unterschiedlicher Klänge einander so nahe, dass schnelle Schwebungen entstehen, so besteht hier ein Mangel an Koinzidenz harmonischer Obertöne (vgl. Ebeling 2007, 45ff.).

Eine neurophysiologische Erklärung für Konsonanzen liefert Fricke. Zwischen den Nervenimpulsen kann eine Gleichzeitigkeit erkannt werden. Um solche zeitlichen Folgen bezüglich ihrer Ähnlichkeit, also eine Periodizität vergleichen zu können, benutzt man die Autokorrelationsanalyse (vgl. Fricke 2005, 133f.). Aufgrund der Häufigkeiten von Koinzidenzen, d.h. der Übereinstimmungen von Obertönen, wird z.B. eine kleine Terz mit dem Frequenzverhältnis 6:5 zum Grundton gerade noch als konsonant empfunden.

Pierce (vgl. 1999, 65 u. 70) und Auhagen (1983) machen darauf aufmerksam, dass ebenfalls kulturspezifische Erfahrungen und Gewohnheiten unser Klangempfinden beeinflussen. Konsonanzen und Dissonanzen sind somit Ergebnis von Regeln und Erfahrungen, die sich aus soziokulturellen Rahmenbedingungen entwickelt haben. Eberlein (1994) entwickelt den Begriff der tonalen „Klangsyntax“ (1994, 1) und erstellt in einem Experiment über deren Entstehung eine aufwendige Harmonikanalyse europäischer tonaler Musik des 18. und 19. Jahrhun-

22 Die Begriffe Konsonanz und Dissonanz setzten sich aus den lateinischen Begriffen con = „zusammen“, dis = „auseinander“, sonare = „klingen“ zusammen. Sie meinen den empfundenen (Wohl)Klang von Musik und können daher zur Klassifizierung von Intervallen und Akkorden herangezogen werden.

derts. Mit seinen Ergebnissen weist er nach, dass die „Kühnheit einer Klangfolge“ nicht strukturell bedingt ist, sondern auf der Häufigkeit ihres Auftretens beruht. Doch ist zu bedenken, dass auch musikkulturelle Gewohnheiten einem stetigen Wandel unterliegen. Deswegen verändert sich im Laufe der Zeit auch die Klangsyntax und die Klangfolgeerwartung (vgl. Louven 2005, 219) und damit auch der empfundene Wohlklang. Eine wichtige Tatsache, die es immer zu berücksichtigen gilt, ist die Korrelation solcher Empfindungsgrößen. Denn Konsonanz kann, mit Dissonanz komplettiert, durchaus Verspieltheit, Glück und Gelassenheit assoziieren (vgl. Bruner 1990) und den musikalischen Fluss unterstützen. Eine Systematisierung lässt sich vermutlich aufgrund der Abhängigkeit vom Individuum nur schwer vornehmen (vgl. Waterman 1996, 66).

Mit dem Klangempfinden geht auch die Präferenzbildung einher. Der Mere Exposure-Effekt bezeichnet den Vorgang, dass durch eine häufige Konfrontation mit einer Marke, die Sympathie derselben erhöht wird (vgl. Esch 2008, 74). Das bedeutet auch die Bevorzugung bekannter Marken, Klänge und bereits bekannter Musik. Letztere wird i.d.R. als angenehmer empfunden und positiver bewertet als unbekannte. Der Effekt ist besonders stark, wenn die Erinnerung an eine frühere Darbietung nicht gegeben ist. Da die Werbung sehr häufig nur beiläufig wahrgenommen wird, kann sie vom Mere-Exposure-Effekt profitieren (vgl. Peretz/Gaudreau/Bonnel 1998 in: Lange 2005, 79; Tauchnitz 1990, 108; Felser 2007, 213). Es reicht schon eine einmalige Präsentation, „um eine positive Voreingenommenheit für [...] die akustischen Reize zu entwickeln“ (Jänck 2008, 247). Bewertet der Rezipient eine bestimmte Musik negativ, hat das Einfluss auf die generellen Affekte des Rezipienten und führt zu geringerer emotionaler Reaktion (vgl. Berlyne 1971). Die emotionale Bewertung von Musik im Zusammenhang von Konsonanz und Dissonanz können auch Blood & Zatorre (2001) bestätigen.

Ob akustische Reize als angenehm, unangenehm oder gar lästig empfunden werden, ist von kultur- und stilspezifischer musikalischer Erfahrung abhängig. Allerdings ist auch eine Abhängigkeit vom psychologischen Zustand und der psychologischen Belastbarkeit des Rezipienten durchaus vorstellbar. Der Konsonanz als „anthropologische Konstante“ muss widersprochen werden, sie ist „für manche seit der Emanzipation der Dissonanz tatsächlich vergiftet“ (Welsch 1993, 93).

Einen neurowissenschaftlichen Ansatz zur Klangempfindung liefern u.a. Koelsch & Schröder (2009), indem sie Teilen des Hirnstamms und

Thalamus Funktionen zuschreiben, die gefährliche und unangenehme akustische Reize erkennen. Die Colliculi inferiores leiten die Informationen in Gehirnareale, die über Emotionen entscheiden und die das emotionale Verhalten kontrollieren (vgl. ebd., 394). Werden daher Dissonanzen als unangenehm wahrgenommen, werden Strukturen aktiviert, die für eine negative Emotion zuständig sind. Somit konstatiert Spitzer (vgl. 2009, 394) richtigerweise eine stärkere Aktivierungswirkung konsonanter Musik, die positive Affekte zur Folge hat, zudem wenn sie den Erwartungen entspricht.

In der akustischen Gestaltung der Werbung kann häufig der Einsatz von Blechblasinstrumenten bzw. deren synthetisieren Klänge beobachtet werden. Dass sich diese Klänge wirklich durch eine Aktivierungswirkung auszeichnen lässt sich durch die Psychoakustik erklären. Blasinstrumente weisen mit festen Formanten konstante Frequenzpositionen auf. Infolge der räumlichen Abbildung der Formanten im Gehör findet für diese Instrumentalklänge eine verstärkte Reizung der Basilarmembran an einer spezifischen Stelle statt. Das Resultat ist eine konstante neuronale Aktivität der Haarzellen sowie von Stellen im Colliculus inferior (Ortung des Tones) und dem auditorischen Kortex (vgl. Fricke & Louven 2009, 431). Gemäß den Gestaltgesetzen wird solch eine Vorhersagbarkeit und Konstanz als positiv empfunden. Daraus lässt sich folgern, dass eine konstante und dominierende Klangfarbe in der Gestalt eines Audiologos der Attraktivität, Einprägsamkeit und Unverwechselbarkeit förderlich sein kann.

Sonanz

Das Konsonanzempfinden tritt auf der funktionalen Ebene, speziell bei Intervallbeziehungen und der erwähnten Klangsyntax auf, die im Prozess musikalischer Akkulturation und Tonästhetik gelernt wurde. Eine besondere Bedeutung kommt Intervallen mit kleinen ganzzahligen Frequenzverhältnissen (2:1 = Oktav, 3:2 = Quint) zu. Da sie auch einen Einfluss auf die Erinnerbarkeit haben können, erfolgt eine ausführlichere Betrachtung in Kapitel 4.2.2.

Neben der funktionalen Ebene wird der unmittelbaren Wirkung eines akustischen Signals Bedeutung beigemessen, wofür der Terminus Sonanz gebräuchlich ist. Die Sonanz gilt als „universales Wahrnehmungsprinzip und als unabhängig von kultur- und stil-spezifischer musikalischer Erfahrung des Hörers“ (Louven 2005, 216). Der Sonazgrad beschreibt den sensorischen Wohlklang eines Signals mittels Attributen wie rau, scharf, weich, rund, angenehm oder unangenehm und subsumiert psychoakustische Attribute wie Rauigkeit[23], Schärfe[24] und Klanghaftigkeit (vgl. Terhardt 1998, 400). Die Klanghaftigkeit (engl. tonality) beschreibt tonale Anteile eines akustischen Signals.

Nach Terhardt (1998) und Aures (1985) können akustische Signale in eine geräuschhafte und eine tonale Komponente extrahiert werden. Das Maß für die Klanghaftigkeit ist der Pegel der tonalen Komponente.[25] Eine hohe Klanghaftigkeit erhöht den Grad der Sonanz und ist umso höher, je mehr periodische Anteile im Schall enthalten sind. Diese periodischen Anteile werden vom Ohr als Tonhöhen wahrgenommen. Für eine hohe Klanghaftigkeit müssen aber die Geräuschanteile möglichst klein sein (vgl. Ebeling 2009, 508).

Aus Hörversuchen ermittelten Terhardt & Stoll (1981) eine Rangfolge der Sonanz und einen „Wohlklangskoeffizient“ mit W = 1. Ein geringer Wohlklangskoeffizient wird akustischen Reizen zugeschrieben, die als störend empfunden werden. Dazu gehören auch zu einem gewissen Maß ungewohnte Klänge, die hingegen das aufmerksamkeitssteigernde Potential innehaben. So wird vermutet, dass eine Kreissäge mit dem Koeffizienten von 0,14 das Bewusstsein besser erreicht als eine ordinäre Männerstimme mit einem Koeffizienten von 0,65 oder ein musikalischer Akkord (0,91) (vgl. Terhardt 1998, 401). Der Anteil an hohen Frequenzen und eine große Dynamik haben zwar starke Aktivierungswirkung, hingegen ist aber die Reaktanz zu bedenken, mit der der Rezipient in diesem Fall dem Reiz gegenübersteht.

Tonarten

Die Attraktivität von Klängen scheint auch von den Tonarten (Modi) abhängig zu sein. In diesem Fall sind unter Modi Skalen zu verstehen,

23 Die Rauigkeit ist die Fluktuation akustischer Signale bei einem Frequenzabstand zwischen 15 Hz und 300 Hz. Durch periodische Schwankungen der Modulationsfrequenz von unter 15 Hz entstehen Schwebungen (vgl. Ebeling 2009, 501; Hellbrück & Ellermeier 2004, 125; Zwicker & Fastl 1999).

24 ausgeprägter Schallanteil in hohen Frequenzbereichen beeinträchtigt den sensorischen Wohlklang (vgl. Zwicker & Fastl 1999).

25 Das Maß für die Klanghaftigkeit trägt die physikalische Einheit tu (tonality unit; 1 tu ist ein 1 kHz Sinuston mit dem Pegel von 60 dB) (vgl. Möser 2010, 624).

die auf diatonischen Tonleitern beruhen. Verglichen werden sollen Dur-, Moll- und atonale Tonarten.

Es liegt in der Natur einer Skala, ihre angehörenden Tonstufen meist in einer melodischen Tonfolge zu repräsentieren. Dieser melodische Ablauf verlangt in der Musikpraxis eine gewisse Zeitspanne, um ein tonales Zentrum und damit die Tonart deutlich zu machen. Aufgrund der Kürze eines Audiologos ist jedoch kaum eine Definition eines tonalen Zentrums und selten die Definition einer Tonart möglich. Dadurch verliert die Charakterisierung durch eine Tonart an Bedeutung. Weil hier aber neben Audiologos auch andere Brand Sounds interessieren, werden einige Erkenntnisse über tonartspezifische Wahrnehmung gegenübergestellt.

Auhagen beschreibt die Tonalitätswahrnehmung als Wahrnehmungsvorgang, der auf der Basis kognitiver Schemata erfolgt. Die Wahrnehmung basiert auf Erfahrung und Wissen im Umgang mit Musik, wodurch eine gewisse Erwartungshaltung auf bestimmte tonale Zentren erzeugt wird (vgl. 1983, 35). Diese Aussage macht deutlich, dass tonal gebundene Tonfolgen größeres Wohlgefallen auslösen als tonal freiere Tonfolgen (vgl. Krumhansl 1979; Krumhansl & Shepard 1979, in Louven 2005, 229). Das liegt wohl an der Dominanz kulturspezifischer Erfahrungswerte mit Tonalität in der europäischen Musik. Der aktivierende Effekt von Dur-Tonarten und eher negative Effekt atonaler und Moll-Tonarten wurde bereits genannt (vgl. Kellaris & Kent 1991, 246f.). Die Tonalitätswahrnehmung wird ebenfalls bemerkbar bei Intervallen. Es werden diejenigen Intervalle als konsonant empfunden, die auf einer bekannten und diatonischen Skala beruhen (vgl. Bucht & Huovinen 2004, 56).

Es besteht die verbreitete Vorstellung, dass das Tongeschlecht eine eindeutige Auswirkung auf die durch Musik vermittelte Stimmung hat. Das pragmatische Musikverständnis würde behaupten, die meisten Tongeschlechter haben folgende Wirkung: Dur ist fröhlich und Moll ist traurig. Hingegen gibt es auch Beispiele für nicht-trauriges Moll wie Mozarts Klaviersonate Nr. 1 „Rondo alla turca“ KV 331. Der dritte Satz steht in a-Moll und wirkt alles andere als traurig. Analog dazu Beethovens Klaviersonate Nr. 8 op. 13 die auch als „Patetique“ bekannt ist. Der zweite Satz der Sonate steht in As-Dur und vertritt als „Träumerei“ eher einen andächtigen Stimmklang (vgl. Bruhn 2009b, 21). Dennoch ordneten in einer Versuchsreihe 80 % der Probanden das Tongeschlecht zu, in dem das Stück original komponiert wurde. Gegen dieses Ergebnis steht jedoch das eines anderen Experiments, in welchem 30 % der Versuchspersonen ein Vertauschen von Dur und Moll nicht bemerken können oder wollen (vgl. Dalla Bella et. al. 2001). Eine negative „Korrelation zwischen Traurigkeit und Tempo deutet darauf hin, dass langsames Tempo möglicherweise eine Grundvoraussetzung für die Empfindung von Traurigkeit ist" (Bruhn 2009, 22). Weiterführende Erklärung zur Symbolik der Tonarten folgt in Kapitel 5.3.3.

4.2 Kognitionsbildung

Unterschiedliche Gehirnstrukturen entwickeln Gedächtniskonstrukte zur Speicherung von Fakten und Ereignissen. Das Gedächtnis bezeichnet damit „die Fähigkeit, Informationen zu speichern und sie zu einem späteren Zeitpunkt zu reproduzieren oder wieder zu erkennen" (Priewe & Tümmers 2007, 43; siehe auch Lang & Lang 2007, 447). Infolgedessen wird der Frage nachgegangen, wie der bereits erwähnte musikalische Wortschatz gebildet und im Gehirn gespeichert wird.

Unter Kognitionsbildung soll im Folgenden die subjektive Melodiebildung verstanden werden, anhand derer Einzeltöne, Klänge und Melodien erkannt und erinnert werden. Für den Erfolg eines Audiologos wird postuliert, das Markenwissen im LZG festzusetzen, d.h. möglichst viele und dauerhafte synaptische Verbindungen hervorzurufen, was besonders eine wiederholte Darbietung der Reize begünstigt. Dabei können für den Aufbau des Wissens alle fünf Sinne als Zugangskanäle genutzt werden.

Eine der bedeutendsten Voraussetzungen für ein Erkennen und Erinnern einer Melodie ist das Erkennen einer zeitlichen und melodischen Strukturierung oder „Echtzeitgenerierung von Ordnung" (Fricke 1993, 185). Durch eine Gruppierung und Segmentierung der Informationen wird die Bildung von sinnvollen Einheiten (Chunks) möglich (vgl. Winkelhaus 2004, 88), die mit dem musikalischen Kontext und kulturspezifischem Wissen abgeglichen werden. Genau das gleiche gilt auch für die Erinnerung an eine Marke und deren mögliche Assoziationen.

4.2.1 Das Gedächtnis

Eine für die Kognitionsbildung notwendige Erklärung lässt sich im Bereich der Gedächtnistheorie finden: Gedächtnisprozesse sind psychische Prozesse, die die Informationsaufnahme und -abgabe steuern. So ist es möglich zu lernen und sich zu erinnern. Nach den meisten Modellen laufen die Gedächtnisprozesse in Stufen ab: Ultrakurzeitgedächtnis (UKZG) oder Sensorisches Gedächtnis (SG), Kurzzeitgedächtnis (KZG) oder Arbeitsgedächtnis (AG) und Langzeitgedächtnis (LZG).

Abbildung 9: Gedächtnisspeichermodell

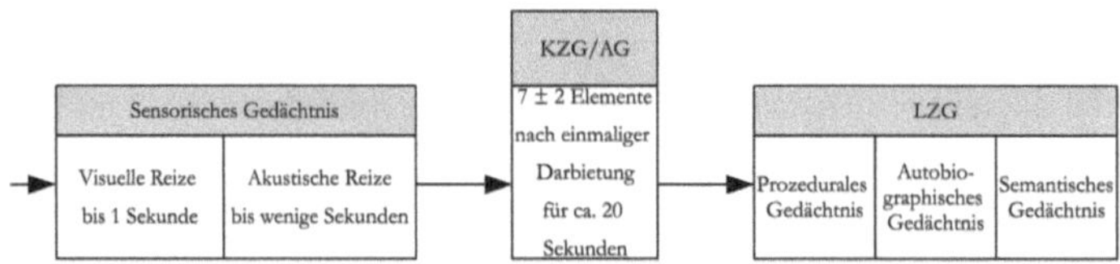

Quelle: eigene Darstellung

Im Sensorischen Gedächtnis (SG) erfolgt die unmittelbare Reizwirkung durch Aufnahme möglichst vieler Reizmuster für kurze Zeit (≤1s). Das schafft die Voraussetzung für die Analyse des Sinneseindruckes (vgl. Lang, 2007, 447). Im SG findet auch eine Selektion der Informationen statt, denn nur ein kleiner Teil kann in das aktiv arbeitende KZG/AG befördert werden. Die Kapazität des KZG/AG ist sehr gering und man geht von 7 ± 2 Inhalten aus (vgl. Burns 1999, 219). Die Informationen werden hier bis zu 20 Sekunden behalten (vgl. Schön 2007, 43). Größere Informationen können aber verdichtet werden, indem Chunks gebildet werden, was weniger Speicherplatz erfordert. Durch geschicktes Chunking lässt sich die Kapazität des KZG/AG deutlich erhöhen. Eine wichtige Erkenntnis zeigt sich darin, dass das KZG/AG sowohl für das Abspeichern von Informationen als auch für deren Verarbeitung zuständig ist. Daher scheint die Bezeichnung Arbeitsgedächtnis für manche Autoren als geeigneter (vgl. Berz 1995; Baddely 1990). Berz vermutet, dass für verschiedene Sinnesmodalitäten unterschiedliche Hirnregionen zuständig sind und kann die Existenz eines musikalischen AG neben einem sprachlich-phonologischen AG beobachten.

Das KZG/AG baut auf Erfahrungen und Erinnerungen des LZG auf und kann so die eintreffenden Stimuli mit den notwendigen Informationen aus dem LZG dechiffrieren. Hier liegt das Wissen über Ereignisse, Fähigkeiten und emotionale Reaktionen. Durch Vergleich und Verknüpfung (elaboriertes Memorieren) ist das Gehirn in der Lage, die Informationen zu analysieren und ihre Bedeutung zu erkennen. Das LZG mit einer unbegrenzten Speicherkapazität enthält also das Wissen. Die vom KZG/AG dechiffrierten Reize werden hier dauerhaft gespeichert. Dabei kann dem LZG kein konkreter Ort zugewiesen werden. Es besteht aus Verbindungen von Neuronen und ist überall, wo Information verarbeitet wird. Wenn man sich etwas gut merkt, heißt das, dass starke Verbindungen zwischen den Nervenzellen vorliegen (vgl. Lang & Lang 2007, 447; Jourdain 1998, 78/116; Spitzer 2009, 116f.; Pfleiderer 2006, 64).

Wie die Abbildung zeigt wird das LZG nochmals gegliedert in das episodische (raumzeitlicher Kontext), das semantische (faktisches Wissen, Bedeutungen) und das prozedurale (Verhalten) LZG. Wie der Benennung zu entnehmen ist, speichern sie unterschiedliche Wissensqualitäten (vgl. Schön 2007, 43; Lang & Lang 2007, 447). Die Speicherzeit ist im LZG abhängig von der Art des Stimulus. So wird angenommen, dass bekannte und eher sinnvolle Informationen nach der Wahrnehmung kognitiv organisiert und im LZG abgelegt werden, Unbekanntes und Sinnloses hingegen bis zu einigen Minuten im KZG gespeichert wird (vgl. Behrens 1976, 16; 25).

Neben dieser relativ ausführlichen Erklärung ist auch die Verarbeitung der Reize im menschlichen Gehirn von Interesse. Neurowissenschaftliche Befunde deuten darauf hin, dass Musik hauptsächlich in der rechten Hemisphäre verarbeitet wird. Die rechte Hemisphäre verarbeitet visuelle, emotionale und akustische Reize und ist verantwortlich für die Wahrnehmung von Harmonik und Melodik bei der Rezeption von Musik. Im Gegensatz dazu verarbeitet die linke Hemisphäre sprachliche Information sowie Zahlen und ist verantwortlich für das logische Denken. Es werden dort formale Aspekte (Rhythmus, Tonfolge) analysiert (vgl. Tauchnitz 1990, 31). Durch das Nervenfaserbündel (Corpus Callosum) findet der Informationsaustausch zwischen den zwei Hemisphären statt. Die genannten Befunde konnten durch dichotische Hörtests an gesunden Versuchspersonen und Untersuchungen bei Schlaganfallpatienten gesichert werden (vgl. Altenmüller 1995, 1100; Evers 2005, 44f.). Erstaunlicherweise ist die linke Hemisphäre bei musikalisch vorgebildeten Personen bei der Wahrnehmung von Musik stärker aktiv als bei musikalischen Laien, was folgern lässt, dass bei diesen Personen die Speicherung von Informationen gegenüber musikalisch nicht-vorgebildeten Personen abweicht.

Zur besseren Verständlichkeit der integrativen Kraft nonverbaler akustischer Reize soll ebenfalls kurz auf die multimodale Gedächtnis-theorie von Engelkamp (1991) hingewiesen werden. Der Begriff „multimodal" weist darauf hin, dass Gedächtnisleistungen auf Informationen verschiedener Modalitäten beruhen. Diese Theorie besagt, dass die multisensuelle Repräsentation gleicher Inhalte - oder anders ausgedrückt die Aufnahme einer Information gleichzeitig über mehrere Sinne - zu positiven Effekten führt. Roth nennt die Existenz von multimodalen Neuronen und erkennt eine gegenseitige Beeinflussung der Sinnesmodalitäten (vgl. 2005, 56). Hier ein anschauliches Beispiel: Die visuelle Darstellung einer blühenden Wiese wird über den akustischen Kanal mit Bienensummen und Vogelgezwitscher ergänzt. Es entsteht der Eindruck von Natürlichkeit. Die zusätzliche Wahrnehmung gewisser Duftstoffe würde diesen Eindruck noch weiter stärken. Die Naturgeräusche können aber auch durch künstlich erzeugte, klischeebehaftete und erlernte Klänge oder Geräusche substituiert werden (⇒ Kapitel 4.3.3). Diese Wahrnehmungskombinationen können auch beobachtet werden wenn dem Rezipienten ein sprechendes Gesicht präsentiert wird, bei dem kein akustisches Signal zu hören ist. Hier wird trotzdem der auditorische Kortex beim Rezipienten aktiviert. Erklärung dafür geben die Dekodierungsprozesse bei der Informationsverarbeitung. Das Erkennen und Erinnern kann nämlich als Aktivierung strukturell gespeicherter und fallweise zusammengehöriger Repräsentationen angesehen werden (vgl. Engelkamp 1991, 113). Weisen Gedächtnisinhalte klare und einfache Strukturen auf, so sind diese im Vergleich zu komplexen Strukturen eindeutig zuzuordnen und können daher leichter erinnert bzw. hervorgerufen werden.

Engelkamps Theorie stützt sich im Allgemeinen auf die verbale Informationsverarbeitung (Wortmarken). Darum wird auch hier nur der Ansatz der Theorie erläutert, aus dem sich Parallelen zur Werbepraxis ziehen lassen. In der Praxis bietet der Bezug von akustischen Reizen zu anderen Sinnesmodalitäten den Vorteil, die Reize in unterschiedliche Medien transferieren zu können. So kann eine audiovisuell dargebotene TV Werbung auch im Radio Imaginationen auslösen und vielleicht sogar dadurch besser wirken. Eine Studie des Radio Advertising Bureau (RAB) in London konnte einen Zusammenhang von besserer Erinnerung und gelungenem Audio-Branding aufzeigen. Dabei zeichneten sich die Radiowerbespots durch Einfachheit, Synergieeffekte[26] und charakteristische

26 sich gegenseitig förderndes Zusammenwirken, nach dem Motto: „Das Ganze ist mehr als die Summe seiner Teile" (Aristoteles).

Audio Branding-Elemente aus. Wiesen die Werbespots ein großes Maß an Komplexität auf, so wurden sie schlechter erinnert (vgl. Franz 2005, 509f.). Steiner weist auf Untersuchungen der Universität Leicester zur Wirkung von Radiospots hin, die ein eindeutiges Ergebnis liefern: Passen Spot und Musik zusammen, steigert Musik die Erinnerung an Produkt, Marke und Claim. Dabei ist die Erinnerung um 96 % höher als bei Spots, die mit unpassender Musik unterlegt sind und um 46 % höher im Vergleich zu Spots ohne Musik. Welche der drei genannten Merkmale erinnert werden, hängt von der Wirkungsweise der akustischen Reize ab (vgl. Steiner 2009, 77; 113). Jedoch ist Vorsicht geboten, denn jede Modalität bedarf auch einer eigenen Untersuchung. So können die bloßen Reize bzw. Gestalten erinnert werden, die Werbung als Ganzes oder nur der Werbeinhalt sowie die Marke selbst.

Aufgrund zunehmender Komplexität der Sachverhalte soll hier nicht mehr weiter ins Detail gegangen werden. Die genannten Zusammenhänge sollen lediglich eine solide Grundlage zur wechselseitigen Beeinflussung der Sinnesmodalitäten bieten.

4.2.2 Einzeltöne und kurze Tonfolgen

In einer von Vinh (1994) durchgeführten Studie sollen werbemusikalische Elemente wie Werbelieder, Jingles, etc. leicht einprägsam sein. Daher sollen sie kurze Melodien mit geringem Tonumfang und kleine Intervalle aufweisen (vgl. Ringe 2005, 20). Unter anderem aufgrund dieser Prämisse und unter Berücksichtigung der kurzen Klanggestalt von Audiologos beschränken sich die nachfolgenden Ausführungen auf kurze Tonfolgen sowie Einzeltöne und deren innermusikalische Gestalten. Dabei ist es nicht leicht, harmonische und melodische Informationsverarbeitung anhand von Einzeltönen oder kurzen Tonfolgen zu erklären. Sie ist ein gestalthaftes Wahrnehmungsphänomen, das nicht immer aus Einzelkomponenten erklärt werden kann. Harmonik und Melodik stellen aber Charakteristika für bestimmte musikalische Stile dar und basieren auf einem spezifischen Regelsystem, einer musikalischen Grammatik und Klangsyntax (vgl. Eberlein, 1994, 1).

Da bei Einzeltönen weder eine harmonische noch eine melodische Analyse vorzunehmen ist, spielt hier die Sonanz und die Klangfarbe für die Erklärung der Töne eine Rolle. Bei einem einzelnen Klang im Sinne eines Akkords treten weitere Erklärungsmöglichkeiten durch Klangfolgeerwartung und Tonalität in eingeschränktem Maße hinzu. Bei Tonfolgen hingegen werden die Möglichkeiten noch einmal vielfältiger und Tonalität, Intervallbeziehungen, Betonungen und der Rhythmus werden relevant.

Bei der Verarbeitung melodischer Strukturen gilt: Neue Informationen können am schnellsten mit bereits bestehenden verknüpft werden, wenn die Struktur des Materials bekannt ist. Es kommt also einmal mehr auf die Gestaltbildung und Ähnlichkeitsfindung im LZG an (vgl. Winkelhaus 2004, 226). Neue Gedächtnisinhalte werden aus Wissenseinheiten (Chunks) gebildet. Neue Chunks können gebildet werden, indem einzelne neue oder alte Informationen zu einem sinnstiftenden Ganzen zusammengefasst werden (Lehmann & Chaffin 2009, 356).

Dass solche Klanggestalten die Erinnerung positiv beeinflussen, zeigt ein Beispiel: Schneekoppe kombinierte die Werbung der Neueinführung des „Start-Energie“ Drink durch den bekannten Terzfall[27] des Schneekoppe-Rufs „Schnee-kop-pe“ ab 2010 in der Radiowerbung und kann damit an eine alte und bewährte Tradition dieses Audiologos anknüpfen (vgl. Schneekoppe-Ruf 2010[28]).

Der musikalischen Struktur eines Audiologos kommt zugute, dass in der Tongruppierung eines Audiologos meist keine Einzelheiten perzeptuell bedeutsam sind. So wird die Tongruppe als Einheit zusammengefasst, was sie prägnant und einprägsam macht (vgl. Schlemmer 2005, 195). Das lässt sich auch in der Melodieführung beobachten. Insofern man von einer Melodie sprechen kann, weisen Audiologos meist eine monophone und weniger oft eine polyphone Melodieführung (im Sinne des klassischen Tonsatz) auf, was aber durchaus beinhaltet, dass die Gestalt des Audiologos aus mehreren übereinander gelagerten Ebenen (⇒ Grund – Figur; unterschiedliche Sounds und Klangfarben) bestehen kann.

27 Das Rufen aus weiterer Entfernung weist allgemein das Intervall der fallenden großen Terz auf.

28 http://www.rms.de/rms-kreation/rms-kreation-cases/ [Zugriff: 04.10.2010].

Intervalle

Es wurde bereits die besondere Bedeutung der Intervalle mit kleinen ganzzahligen Frequenzverhältnissen angedeutet. Historisch betrachtet bilden diese Intervalle (Oktaven, reine Quinten und Quarten) perfekte Konsonanzen, entsprechend ihrem als schön empfundenen Klang (vgl. Louven 2005, 214). Solche Intervalle und deren Empfindung sind auch außerhalb der westlichen Musik bei einer Vielzahl von Kulturen zu beobachten (vgl. Stoffer & Oerter 2005b, 44). Daraus lässt sich folgern, dass diese Intervalle aufgrund ihrer "einfachen" Teiltonverhältnisse (2:1, 3:2, 4:3) und der "einfachen" Reizstruktur besonders angenehm wirken.

Bei Dreiklangfolgen in einer Abfolge von Dur- und Mollakkorden konnte eine Präferenz der Stufen eins, vier und fünf der Durtonleiter festgestellt werden. Das sind auch die in der tonalen Musik häufig auftretenden und somit gelernten Akkordfolgen (vgl. Krumhansl, in: Eberlein & Fricke 1992, 97).

Betrachtet und analysiert man auch nur eine geringe Anzahl an Audiologos (⇒ Kapitel 10), so kann man feststellen, dass die Quinte eine signifikante Häufigkeit aufweist. Die Quinte tritt entweder direkt oder aber mit einem bzw. mehreren Zwischentönen auf. Man bleibt also im „kleinen Rahmen“ des Tonumfangs, gemäß dem Prinzip (Verhältnis von Zeitraum und Tonraum) des Melodiebaus von Alfred Koerppen: „Je geringer die Ausdehnung in der Zeit ist, umso geringer soll die Ausdehnung im Tonraum sein.“ (Koerppen 1998, 8). Auch Eberlein (vgl. 1994, 44) weist auf kleine und konsonante Intervalle und deren leichte Erinnerbarkeit hin.

An einigen Beispielen treffen diese Ansichten sehr gut zu: Das Audiologo der Fluggesellschaft *Austrian Airlines* besteht ausnahmslos aus konsonanten Intervallen (Quart und Quint). Ebenso das Audiologo der *Winterthur* Versicherung (Quint) und *Wrigley´s* (Quart). Die hier bevorzugte Verwendung von Quart, Quinte und Oktave kann auch mit dem hohen Verschmelzungsgrad der Intervalle nach Stumpf (1890) begründet werden, wodurch die Summe aufeinander empfundener Tonempfindungen zu einem „Empfindungsganzen“ (Ebeling 2007, 27) führt. Deswegen eignen sich diese Intervalle in der Mehrstimmigkeit auch als Schlussklänge (vgl. ebd., 24ff.).

Dowling & Harwood (1986) untersuchten die Häufigkeit verschiedener Tonintervalle und konnten feststellen, dass Melodien weltweit besonders aus kleinen Tonhöhenintervallen bestehen. „This tendency toward small intervals is truly a cross-cultural universal and very likely derives from the physiological structure of the auditory system“ (Dowling & Harwood 1986, 156). Diese Intervallgrößen und besonders die melodische Kontur sind für das Wiedererkennen (recognition) von großer Bedeutung (vgl. White 1960; Dowling & Fujitani 1971).

Ganz anders bezeichnet Hindemith die große Sekunde als „das stärkste und schönste melodische Intervall“ (1940, 111) sowie als „das eigentliche Baumaterial der Melodik“ (1940, 222). Die „melodische Kraft“ (Fricke 1992, 9) von Sekundintervallen, die auf Ähnlichkeitsbeziehungen beruht, hält so als eine Art Klammer das melodische Gefüge zusammen (vgl. ebd.). In Bezug auf die Harmonik spielt nach Ansicht von Eberlein & Fricke der Tonika-Bezug auf eine bestimmte Tonleiter weniger eine Rolle als die Sukzessivintervalle aufeinanderfolgender Akkorde und die Simultanintervalle eines einzelnen Akkords (vgl. 1992, 210).

Als besonders „stabil“ (Eberlein & Fricke 1992, 205) gilt der Terzquintakkord. Er tritt häufig als Schlussakkord auf und weist in Musikgeschichte und -theorie beständige Kontinuität auf. Sext- oder Quartsextakkorde erzeugen hingegen häufig eine Erwartungshaltung auf nachfolgende Klänge und haben deshalb keine abschließende Funktion. Die Bevorzugung der Quinte gegenüber z.B. der Quarte, erklären Eberlein & Fricke (vgl. 1992, 206) durch die größere sensorische Rauigkeit der Quarte.

Auch die Terz als kleines Intervall wird zwar häufig beim Audiologo verwendet, dennoch kann das Intervall nicht als zentrales Intervall bezeichnet werden und dient meist nur der Weiterführung zur darüber oder darunterliegenden Quinte und kann „als Baustein der Melodie, in dem die Bindekraft der linearen Fortschreitung schon wirksam wird“ (vgl. Hindemith 1940, zit. n. Fricke 2005, 137) betrachtet werden.

Theoretisch ist nach oben genannten Aussagen für eine einprägsame Melodie auch ein Sekundgang geeignet. Ein solcher ist beispielsweise beim „Nokia-Tune“, dem Klingelton von *Nokia*, erkennbar. Jedoch ist trotz der „melodischen Kraft“ (Fricke 1992, 9) von Sekundintervallen bei der Gestalt der meisten Audiologos sowohl die Zeit als auch das Tonmaterial beschränkt und deswegen kaum Raum für eine Gestaltung gemäß dem Sekundgangprinzip. Allerdings dienen Sekunden dazu, harmonisch stärkere Intervalle auszufüllen oder dem Zielton dieses Intervalls voran- oder nachzustehen (vgl. Hindemith 1940, 222).

Abbildung 10: Sekundgang im Melodieverlauf

Quelle: eigene Darstellung (vgl. Hindemith, 1940, 229).

In diesem Beispiel von Paul Hindemith erkennt man deutlich die aufsteigende Melodie mit den drei charakteristischen Sekundschritten. Eine solche melodische Gestaltung findet sich auch oft bei Audiologos, wobei hier am Rande anzumerken ist, dass dieses Beispiel von Hindemith in einer geeigneten Instrumentierung auch sehr gut den Zweck eines Audiologos erfüllen würde.

Rhythmus

Unter Rhythmus wird der zeitliche Strukturverlauf einer Klanggestalt verstanden. Das bezieht sich sowohl auf die Längen der Abfolgen von Klängen und Pausen als auch auf den unterschiedlichen Verlauf der Klangqualitäten (vgl. Hellbrück & Ellermeier 2004, 171). Grundlage der Rhythmuserkennung ist auch hier die Segregation und Gruppierung der auditiven Ereignisse, die durch Pausen, Lautstärkeunterschiede und Eigenheiten der spektralen Energieverteilung erfolgt.

Die Suche nach Mustern bestätigt Campenhausen mit der Beobachtung, dass man auch bei überlagerten Maschinengeräuschen oftmals versucht, einen Rhythmus oder gar eine Melodie zu erkennen (vgl. 1993, 80). Erfahrungsgemäß gelingt dieser Versuch auch erfolgreich.

Zwicker & Fastl (vgl. 1999, 274f.) liefern konkrete Angaben für den horizontalen und vertikalen Verlauf eines auditiven Ereignisses. In der horizontalen Ebene muss das Lautstärkemaximum eines auditiven Ereignisses mindestens 120ms hinter dem des vorherigen Ereignisses liegen. Ist der Wert geringer, führt das zur Verschmelzung beider Ereignisse. Allerdings ist das abhängig von den akustischen Eigenschaften (z.B. Einschwingvorgang). Für die vertikale Ebene gilt, dass die Lautstärke eines einzelnen Ereignisses mindestens 43 % der im klanglichen Kontext vorherrschenden maximalen Lautstärke betragen muss, damit eine Gestalt gebildet wird. Es gilt die Annahme, dass die Erkennbarkeit und Erinnerbarkeit (recognition und recall) von Melodien davon abhängt, wie leicht sie sich rhythmisch gruppieren lassen (vgl. Jones & Boltz, 1989, 770).

Die Gliederung einer tonal-rhythmischen Struktur ist jedoch, wie bereits bekannt, abhängig vom Grad der Komplexität sowie der Kompetenz des Hörers, diese Strukturen zu organisieren:

> *„Inwieweit ein Musikhörer bei der Herstellung eines Beziehungsgefüges erfolgreich ist, hängt also einerseits von seinen Fähigkeiten und bisherigen Erfahrungen ab, andererseits von der Struktur des Klangmaterials"* (Auhagen 1994, 3).

Akzentuierung

Rhythmus bedeutet auch eine Aufgliederung der Ereignisse zur Differenzierung musikalischer Strukturen. Dabei können Akzentuierungen eine begrenzende Funktion haben, da sie dem Hörer den Anfang und das Ende musikalischer und melodischer Einheiten kenntlich machen, denn „ohne rhythmische Marker [...] würde das Gehirn in der Fülle seiner Beobachtungen bald untergehen" (Jourdain 1998, 163), was auch die begrenzte Kapazität des KZG erklärt. Gemäß der Erläuterung von Jones (1987) markiert der Akzent den Beginn oder das Ende einer ansteigenden oder abfallenden melodischen Bewegung (contour-based melodic accent), eine kontextabhängige Phrase mit tonalem Bezug (tonal melodic accent), eine Unterbrechung der melodischen Fortschreitung von kleinen Intervallen durch große Intervalle (pitch-interval melodic accent), den ersten Ton nach einer Pause (accent after pause) oder einem ausgehaltenen Ton (accent on long notes) (vgl. 1987, 623; Winkelhaus 2004, 89). Fallen der melodische und der temporale Akzent zusammen, so kommt es zu einer gemeinsamen Akzentstruktur (joint accent structure), die einen stärkeren Marker bildet, als es die einfachen Akzente tun. Die gemeinsame Akzentstruktur sollte allerdings einander entsprechen und im besten Fall konvergieren (vgl. Jones 1987, 625). Daraus lässt sich folgern, dass die Melodiewahrnehmung und -erinnerung in Abhängigkeit melodischer und rhythmischer Wechselbeziehungen erfolgt.

Müllensiefen liefert eine noch detailliertere Zusammenfassung anhand von fünf Akzentuierungsregeln:

Akzentuiert empfunden wird:

1. Ein Klangereignis, das mindestens doppelt so lange dauert, wie der vorhergehende Klang

2. Ein Klangereignis nach einem Intervallsprung, der größer als eine große Terz ist

3. Ein Klangereignis nach einer Umkehr der Tonhöhenstruktur

4. Ein Klangereignis an Phrasenenden, wobei Phrasenenden durch Interonsetintervalle[29] gebildet werden, die mindestens viermal so lang sind wie der vorherrschende Notenwert (Modalwert) der Melodie

5. Ein Klangereignis, dessen Tonhöhe im Dreiklang der implizierten Harmonie enthalten ist

Bei einem Phänomen, das die Gestaltbildung und Akzentuierung betrifft und in diesem Zusammenhang immer wieder zu erkennen ist, handelt es sich um das Zurechthören. So finden subjektive Akzentuierungen und eine Unterteilung in Tongruppen auch dann statt, wenn eine Folge gleich lauter, identischer Töne dargeboten werden. Fricke nennt in diesem Zusammenhang den Begriff des „inneren Impulsgeber[s]" (1997, 404 in: Winkelhaus 2004, 94). Damit ist gemeint, dass auf der Grundlage der Gestaltbildung bei der Wahrnehmung sukzessiver akustischer Stimuli eine subjektive Rhythmisierung stattfindet. Dabei betrachtet er Zwei- und Dreiteilungen zeitlicher Strukturen als geeignet und vorherrschend in der abendländischen Musik (vgl. ebd.).

Klangfolgeerwartung

In sehr enger Beziehung zur Rhythmik steht der zeitliche Erwartungsrahmen für Musikwahrnehmung, denn zeitlich kohärente und hierarchische Strukturen führen zu einer Klangfolgeerwartung. Werden diese Erwartungen vom tatsächlichen Ablauf der Musik nicht erfüllt, so sprechen Jones & Boltz von einem „temporal contrast" (1989, 473), einem zeitli-

29 Ein Interonsetintervall ist der zeitliche Abstand zwischen musikalischen Ereignissen.

chen Kontrast, der als Erwartungsverletzung gedeutet werden kann. Mit der Verletzung der Erwartung geht auch ein aufmerksamkeitssteigernder Effekt einher, der in der Musik bewusst und unbewusst eingesetzt wird. Der Kontrast verhindert einen automatischen Prozess der Informationsverarbeitung, wodurch eine bewusste Aufmerksamkeit erhalten bleibt (vgl. Pfleiderer 2006, 42f.).

Das Jonglieren mit der Erwartungshaltung bietet viele Möglichkeiten, die musikalische Gestaltung interessant zu machen. Es können Erwartungen aufgebaut und im nächsten Moment zerstört oder auch mehrere divergente Erwartungen erzeugt werden, was das Rezeptionserlebnis mitunter steigern kann. Die Erwartung kann mit Hilfe der kognitiven Schemata erklärt werden. Da nicht nur die Reizeinwirkung an sich registriert und mit vorhanden Schemata verglichen wird, werden genauso Pausen und Leerstellen (Slots) mit einbezogen und bilden ein schematisches Zeitraster. Das bedeutet, dass bei einer Tonfolge aus mehreren, im gleichen Zeitabstand auftretenden Ereignissen eine Erwartung entsteht, nach der sich die Tonfolge auch künftig fortsetzt (vgl. Pfleiderer 2006, 48).

Hinsichtlich der bisher erläuterten gestalt- und kognitionsbildenden Besonderheiten der auditiven Wahrnehmung (Zeit, Tempo, Frequenz, Kontinuität, räumliche Trennung, Intensität, Klangfarbe) lassen sich diese in Anlehnung an verschiedene Organisationsformen des Streaming in einer Grafik verdeutlichen. Denn es kommt beim Auditory Streaming im Wesentlichen auf die Fusion von ähnlichen physikalischen und perzeptiven Eigenschaften von Schall- bzw. Hörereignissen an. Diese Verschmelzung ist wichtig für das Erkennen einer musikalischen Struktur und gilt als Voraussetzung für das Entstehen musikalischer Bedeutung (vgl. Maepel/Weinzierl/Kaminski 2008, 778).

Abbildung 11: Organisation beim Streaming

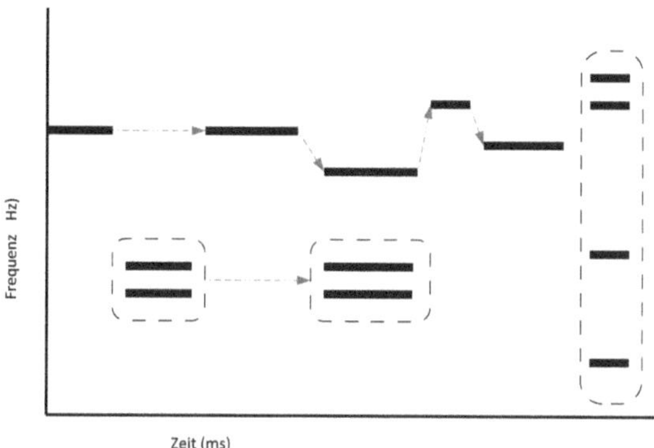

Quelle: eigene Darstellung (vgl. Handel 1989, 206; Bregman 1999; Hellbrück & Ellermeier 2004, 162ff.).

Die schematische Darstellung der akustischen Stimuli weist einen Zeitabstand (x-Achse), sowie einen Frequenzabstand (y-Achse) auf. Je nach Zeit- und Frequenzabstand werden Töne in einen oder zwangsläufig in zwei Ströme sortiert. Sind die Abstände sehr gering so kommt es zu einer Verschmelzung in diesem Bereich (vgl. Schröger/Kaerbach/Schönwieser 2002, 102).[30]

Der Ohrwurm

Nach dem Versuch, Merkmale zu selektieren, die die Erinnerungsleistung beeinflussen können, darf dieser wichtige Begriff nicht fehlen. Der Ohrwurm ist ein Gedächtnisphänomen, zeichnet sich durch einen ex-

30 Die Anwendung dieser Abbildung ist denkbar für ein ausgewähltes Audiologo: x-Achse = Halbtonschritte, y-Achse = Zeit. Anhand einer Notenschrift oder durch Heraushören werden die Klangereignisse in Form von Strichen abgebildet und organisiert. So kann möglicherweise eine „gute Gestalt" oder eine missverständliche Organisation der Klangereignisse durch eine solche Grafik aufgezeigt werden. Zumindest aber wird die Kontur anschaulich dargestellt.

trem hohen Wiedererkennungswert aus und ist ein Zusammenwirken objektiver, in der Musik angelegter Eigenschaften und subjektiver Dispositionen.

Hemming (2009) kann bei einer qualitativen Untersuchung Entstehungs- und Erscheinungsformen von Ohrwürmern feststellen. So entstehen sie häufig in Momenten verminderter geistiger Aktivität bei gleichzeitig erhöhter körperlicher Aktivität (Gartenarbeit, Radfahren, etc.). Außerdem kann ein indirekter Zusammenhang zu den musikalischen Präferenzen der Rezipienten beobachtet werden (vgl. 2009, 201).

Als Grundvoraussetzung postuliert er zum einen das immer unwillkürliche Auftreten eines Ohrwurms. Ein beabsichtigtes Festsetzen von Musik im Gehirn wird demgegenüber nicht als Ohrwurm deklariert. Zum anderen ist ein Ohrwurm die Folge des Memorierens einer zuvor gehörten Musik. Dieser Vorgang kann unbewusst und unwillkürlich erfolgen, muss aber nicht. Der Versuch basiert auf der Theorie, dass bewusste Erinnerung bekannter Musik ähnliche Gehirnareale aktiviert wie beim konkreten Hören (vgl. 188f.).

Hemming gab den Versuchspersonen eine CD mit 20 Titeln unterschiedlicher Genres für eine Zeit bis zu sechs Wochen und evaluierte das Auftreten von Ohrwürmern mittels qualitativer Inhaltsanalyse von 59 Interviews. Durchschnittlich wurden zwei Ohrwürmern pro Person genannt, wobei anzumerken ist, dass die Häufigkeit mit den persönlichen Präferenzen korreliert (vgl. ebd.). Der Umgang mit der CD kann jedoch nicht überprüft werden, sodass unklar bleibt, ob es einen bewussten oder unbewussten Konsum der Musiktitel gab. Die resultierenden Ergebnisse sind deshalb logischerweise mit etlichen Problemen verbunden.

Hemming gelingt es dennoch, Parameter herauszuarbeiten, die die Eingängigkeit bewirken. Dies sind Rhythmus, Melodie, Harmonie, Songtext, Instrumentation, Tempo, Dynamik, Improvisation/Unerwartetes, Produktionsweise, Effekte, Schnitt, Mischung, Kanalzuordnung, Signalverfremdung und generell als „einfach“, „eingängig“ oder „leicht zu fassen“ beschriebene Strukturen (vgl. 187; 203f.).

Das Ohrwurm-Phänomen bietet eine Parallele zu dem Phänomen der auditiven Imagination. Hier wird, wie beim Hören von bekannten Titeln, der primäre auditive Kortex aktiviert. So kann es vorkommen, dass eine Versuchsperson eine Lücke bei bekannten Stücken nicht wahrnehmen und durch gespeicherte Informationen ergänzen kann. Das ist bereits bei kurzen Ausschnitten zu beobachten (vgl. Kraemer et. al. 2005, 158). Neben der auditiven Imagination gilt der Text als Erinnerungsstütze. So zeigt es sich, dass der Einsatz eines zuerst textierten Audiologos, das später nur noch in nonverbaler Form eingesetzt wird, doch immer noch eine imaginäre Stimme hervorrufen kann.

4.3 Imagebildung

Die Frage, welche Bilder und Assoziationen beim Hören von Musik (hier im funktionellen Sinn) auftreten, ist nicht leicht zu beantworten. Hingegen ist sich die Wissenschaft darüber einig, dass Musik starke emotionale Reaktionen und Bilder auslösen kann. Marketing-Experten sind sich auch darüber einig, dass besonders akustische Maßnahmen (Audiologos, Soundscapes, Brand-Songs, etc.) zur Imagepflege und zur Festigung fiktionaler Wissensbestände geeignet sind, denn „[a]lle Gegebenheiten des Alltaglebens stehen in engem Zusammenhang mit inneren Bildern, Vorstellungen und Assoziationen" (Haverkamp 2009, 91).

Bilder prägen sich besser ein als etwa sprachliche Informationen. Die Verwendung von Bildern wird daher schon seit langem als wichtigste Sozialtechnik in der Werbemittelgestaltung bezeichnet, wenn es gilt, die Werbebotschaft im Gedächtnis zu verankern (vgl. Kroeber-Riel & Esch 2004, 270). Prominente Beispiele des erfolgreichen Aufbaus (zum einen innerer Präsenzsignale, zum anderen emotionaler Erlebnisbilder) sind die lila Kuh von *Milka*, sowie *Bacardi* und *Krombacher* (vgl. ebd. 285ff.). Auch de la Motte (vgl. 1996, 111) weist darauf hin, dass die erzeugten Bilder eher emotions- als informationsspezifisch sind. Im Arbeitsgedächtnis werden sie semantisch kodiert und um bereits gespeichertes Wissen angereichert (⇒ Kapitel 4.2.1).

4.3.1 Emotionen und Assoziationen

Emotionsstiftende Geräusche sind gute Geräusche. Das konstatieren Hirschel & Wilsdorf und weisen das Gefühl der Vorfreude hinweisen, das z.B. beim Entkorken einer Weinflasche zu beobachten ist (vgl. 1993, 38). Gleiches lässt sich - wie in der Werbung dargestellt - beim „Ploppen" eines *Flensburger* oder einer Flasche des österreichischen *Ottakringer* vermuten. Allgemein spielt das Klang- und Verpackungsdesign gerade bei Nahrungs- und Genussmitteln sowie bei Luxusprodukten eine entscheide Rolle, wodurch die Branche des Sound Design speziell für diese

Produkte seit vielen Jahren zunehmend mehr Wertschätzung erfährt. Denn wie sich gezeigt hat sind die Kunden auch bereit für einen „besseren“ Klang mehr Geld zu bezahlen.

Auf emotionalem Weg können Audiologos als klanghafter Assoziationsanker das Markenimage befördern. Um die Vorstellungsbilder zu einer Marke sichtbar zu machen, ist es ratsam, am gespeicherten Markenwissen des Konsumenten anzusetzen, wo zahlreiche Inhalte (darunter Bilder, Sachinformationen, Verwendungszusammenhänge; ⇒ drei Bereiche des LZG in Kapitel 4.2.1) zu der Marke archiviert werden und so als zentraler Einflussfaktor für das Verhalten fungieren. Denn das Markenwissen ist abgelegt in den Schemata und bestimmt die Informationsaufnahme. Sind gewisse Informationen aufgrund individueller Bedürfnisse von Relevanz, werden sie bevorzugt verarbeitet, interpretiert und schematisch gespeichert (vgl. Esch & Möll 2005, 67). Dabei ist die richtige Identifizierung eines Objektes umso wahrscheinlicher, je größer die Zahl der wahrgenommenen Merkmale ist. Durch die Wahrnehmung über weitere Sinneskanäle fördern die assoziativ interpretierten Reize das Erkennen. Über die assoziativen Bahnen werden nämlich eine Reihe anderer, verwandter Informationen aktiviert. Dieser Vorgang wird als „Priming“ bezeichnet und kann als Beeinflussung der Informationsverarbeitung gesehen werden. Infolge des Priming wird „durch Vorgabe von speziellen Hinweisreizen die Verarbeitung von bestimmten Gedächtnisinhalten erleichtert“ (Müllensiefen 2004, 24). Auch basieren Werturteile auf der Verarbeitung aktivierter Informationen (vgl. Felser 1997, 121 u. 133). So kommt Möll (vgl. 2007) in einer Studie zu dem Ergebnis, dass bekannte Marken bestehendes Wissen direkt aktivieren, also stark einem Schema ähneln. Ebenfalls bewirken sie positive Emotionen, während schwache und unbekannte Marken Gehirnbereiche aktivieren, die für negative Emotionen stehen (vgl. Esch 2008, 607).

Lehmann (vgl. 2008, 26) zufolge existieren eine Reihe von Basisemotionen. Das bedeutet, dass bestimmte Reize auch bestimmte Instinkte ansprechen, die psychobiologisch bedingt sind. So sind emotionale Reize wie das Kindchenschema oder erotische Bilder besonders wirksam, weil sie biologisch vorprogrammierte Reaktionen beim Rezipienten auslösen. Der große Vorteil an diesen Reizen liegt darin, dass sie keinen Abnutzungserscheinungen unterliegen und konstant eingesetzt werden können (vgl. Felser 2001, 132).

Goleman (vgl. 2001, 363f.) nennt acht Hauptfamilien der Emotionen, von denen weitere Ableitungen möglich sind: Zorn, Trauer, Furcht,

Freude, Liebe, Überraschung, Ekel, Scham. Die jeweilige emotionale Erregung führt dann unweigerlich zur Erregung des sympathischen Nervensystems. Das bedeutet u.a. Steigerung der Herzfrequenz, Verengung der Arterien der Haut und Hormonausschüttung (vgl. Rötter 2005b, 271). Anhand der gegenwärtigen Rahmenbedingungen und im Kontext vergangener Erfahrung des Rezipienten erfolgt die kognitive Interpretation und die Beurteilung, ob Freude oder Angst erlebt wird (vgl. Birbaumer 1973, 147). Die Reizung gleicher neuronaler Regionen kann somit zu unterschiedlicher Interpretation und damit zu unterschiedlichen Emotionen führen. Es ist eben situationsbedingt, da der Rezipient akustische Reize auch mit einem außermusikalischen Kontext verbindet. Aber es funktioniert auch umgekehrt. So ist anzunehmen, dass die meisten Menschen gleicher Akkulturation beim Hören des Hochzeitsmarsches von Mendelssohn Bartholdy oder des Marsches „Treulich geführt" von Richard Wagner an eine Szene der Trauung denken und vielleicht damit einhergehende Emotionen verspüren.

Zu interessanten Ergebnissen bei der Lokalisation von Emotionen in Bezug auf das Hörzentrum kommen Wissenschaftler der Universität Tübingen (vgl. Ethofer et. al 2009, 1028ff.). Die Grundlage bildet die Tatsache, dass das menschliche Gehirn unterschiedliche emotionale Botschaften an verschiedenen Stellen des Gehirns verarbeitet. Im MRI (Magnetic Resonance Imaging)-Scanner kann für jede emotionale Klangfarbe (z.B. fröhlich, ärgerlich, emotionslos) ein eigenes lokalisierbares Aktivitätsmuster im Hörzentrum des Gehirns beobachtet werden. Dabei handelt es sich besonders um den Temporallappen und den Gyrus temporalis superior. Er enthält die als Wernicke-Zentrum (Sprachzentrum) und Brodmann Areal (Primärer auditorischer Cortex) bezeichneten Strukturen. Bei Begutachtung der Aktivitätsmuster kann nur anhand der Daten abgelesen werden, ob die Probanden gerade traurige oder fröhliche Botschaften erhalten.

Für die Beziehung von musikalischen Elementen und emotionalem Ausdruck hat Bruner (1990, 94ff.) zahlreiche empirische Studien analysiert, deren Ergebnisse zusammengefasst und daraus einen Überblick erstellt:

Tabelle 6: Beziehung von musikalischen Elementen und emotionalem Ausdruck

Emotionaler Ausdruck	**Musikalische Parameter**					
	Modus	**Tempo**	**Tonhöhe**	**Rhythmus**	**Harmonie**	**Lautstärke**
ernst	Dur	langsam	tief	firm	konsonant	mittel
traurig	Moll	langsam	tief	firm	dissonant	leise
sentimental	Moll	langsam	mittel	flowing	konsonant	leise
ruhig	Dur	langsam	mittel	flowing	konsonant	leise
humorvoll	Dur	schnell	hoch	flowing	konsonant	mittel
fröhlich	Dur	schnell	hoch	flowing	konsonant	mittel
erregt	Dur	schnell	mittel	uneven	dissonant	laut
majestätisch	Dur	mittel	mittel	firm	dissonant	laut
ängstlich	Moll	langsam	tief	uneven	dissonant	variiert

Quelle: Bruner 1990, 100.[31]

Diese Zusammenfassung muss noch mit kritischen Anmerkungen ergänzt werden. Denn eine Vereinheitlichung der Begriffe ist problematisch. Es ist z.B. nicht klar ersichtlich, ob etwa mit einem *flowing* Rhythmus auch regelmäßige Punktierungen gemeint sind oder an welchem Ambitus sich die Tonhöhe orientiert. Jedoch ist es verständlich, dass aus diversen Formulierungen in den untersuchten Studien eine Art Hyperonym gefunden werden muss und nicht alle Einzelergebnisse berücksichtigt werden können. In der Tabelle besteht zudem die Erweiterungsmöglichkeit durch Felder wie „Akzentuierungen“ und „Melodieverlauf“, weil angenommen werden kann, dass z.B. eine schnelle abwechslungsreiche, sprunghafte und aufwärts steigende Melodie mit der Emotion der Freude einhergeht (vgl. Juslin 2000, 1808ff., in: Kilian 2009a).

4.3.2 Semantische Netzwerke

Das Markenimage und Markenwissen entsteht im menschlichen Gehirn durch die Verknüpfung von Wissensinhalten zu einem semantischen (Bedeutungs-)Netzwerk. Die semantische Verknüpfung erfolgt unter der

31 Bei dieser Tabelle handelt es sich um eine Übersetzung vom englischen ins deutsche. Lediglich unter der Kategorie „Rhythmus“ werden die englischen Bezeichnungen beibehalten.

Prämisse, dass der dargebotene Reiz innerhalb eines Schemas verankert ist (deshalb ist reiner Unsinn auch nur schwer zu behalten, vgl. Lehmann 2008, 34; Langner 2003, 70). Da subjektiv sinnvolle, im Gedächtnis dauerhaft gespeicherte Informationseinheiten gebildet werden, erfolgt die Schemabildung, um die komplexe Umwelt zu ordnen, zu ergänzen und zu vereinfachen. Kurz gesagt dienen Schemata der Reduzierung von Komplexität und der Speicherung von Information.

Die Schemata sind ein Gefüge von Bedeutungseinheiten, die untereinander assoziative Verbindungen haben. Ereignisse oder Begriffe, die bei der Informationsverarbeitung im Gehirn in diese Einheiten zergliedert wurden, werden mit den vorhandenen Schemata verglichen. Anschließend kann entweder ein als passend empfundenes bestehendes Schema aktiviert und kategorisiert oder neue Verknüpfungen gebildet werden, d.h. ein neuer Kontext erzeugt werden. Bei diesem Vorgang der Umorganisation können unzählige Knotenpunkte und dadurch Assoziationen geschaffen werden, die schlussendlich dem Aufbau von Markenwissen dienlich sein können. Zu einem der ersten Schritte eines Audio-Branding-Konzepts zählt die *Kreation*, wozu sich die Methode der Erstellung eines semantischen Netzes an Begriffen anbietet. Anhand dieser Vorlage kann fixiert werden, welche bestimmten Assoziationen später beim Konsumenten hervorgerufen werden sollen bzw. ob gewisse Assoziationen auch bewusst vermieden werden sollen.

Gemäß einer Studie von Koelsch & Schröger (2009) zeigen akustische Reize auch einen systematischen Einfluss auf die semantische Verarbeitung von Wörtern. Sie können über assoziative Netzwerke bei der Rezeption, u.a. von Werbung, semantische Informationen übermitteln. Dabei können schon einzelne Töne bedeutungstragende Informationen vermitteln. Die hier verwendete und in der Sprachwissenschaft schon seit längerem eingesetzte Methode der Priming-Experimente kann auch auf die Musik angewendet werden (vgl. Koelsch & Schröger 2009, 405ff.; vgl. Felser 2007, 189f.). Im Gegensatz zum bereits genannten Priming, das eher der affektiven Reaktion zugeordnet werden kann, handelt es sich hier um das semantische Priming. Der bedeutende Unterschied liegt darin, dass beim semantischen Priming ein Verarbeitungsschritt (immer) einen weiteren nach sich zieht und zu einer Aktivierungsausbreitung von Assoziationen führt. Ein beliebtes Beispiel sind Wortfelder, die sich aus einem zentralen Begriff ergeben, aber auch untereinander Verbindungen aufweisen [32] (⇒ Moodboards: allgemeiner und intuitiv erfassbarer Gesamteindruck).

Im Experiment von Kölsch & Schröger (vgl. 2009, 406f.) werden semantisch passende und unpassende Wörter nach einer zehnsekündigen musikalischen Sequenz dargeboten. Mittels hirnelektrischer Potentialmessung (hirnelektrische Antworten) kann ein N400-Potential gemessen werden, was bei einem hohen Wert soviel bedeutet wie, dass das präsentierte Wort unerwartet erfolgt und somit semantisch schwer zu integrieren ist. Aufgrund solcher Ergebnisse lassen sich Modelle erstellen und die assoziative Stärke der Verbindungen zwischen unterschiedlichen Sachverhalten anschaulich visualisieren.

Die folgende Darstellung eines semantischen Netzes der Ikonografie einer Marke ist ein erster Schritt zur Erfassung involvierter Begriffe und Attribute. Ikonografie bedeutet dabei das „nach außen tragen" von Eindrücken und leistet einen großen Beitrag zum Markenimage. Dabei reichen die Eindrücke von Emotionen, Werten und verschiedenen Sinnesmodalitäten bis hin zur Gestaltung von Gebäuden und Verkaufsräumen.

Abbildung 12: Semantisches Netzwerk der Marke *BMW*

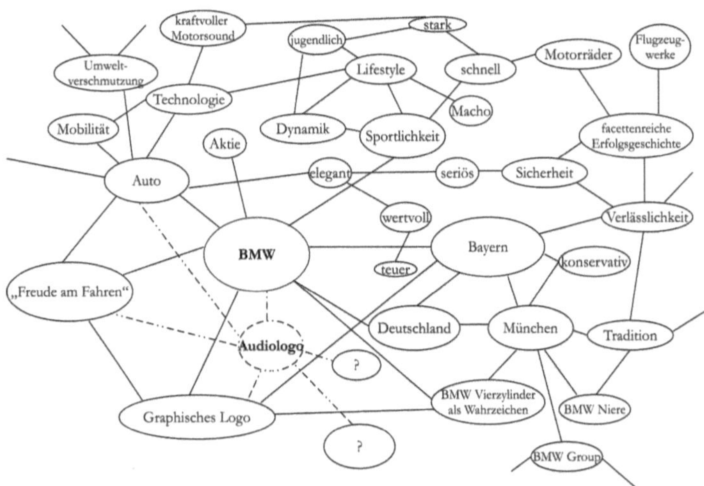

Quelle: eigene Darstellung (vgl. Esch 2008, 97, 104; Steiner 2009, 142ff.).

32 Hier kommen gängige Designmethoden zum Einsatz, z.B Affinity Diagrams, Card Sorting u.ä.

Diese Darstellung zeigt deutlich, dass es wichtig ist, einzelne Begriffe des Netzwerkes hervorzuheben, die der Marke dienlich sind (z.B. Dynamik, Lifestyle, kraftvoll), andere hingegen eher auszublenden (z.B. Umweltverschmutzung, teuer).

Wie im nächsten Schritt die Übersetzung der Markenwerte in ein akustisches Begriffssystem funktioniert, kann an einem Vergleich der beiden Getränkeherstellermarken *Beck´s* und *Krombacher* beispielhaft verdeutlicht werden.[33] Wie bei anderen Marken dieser Kategorie wird der Wert Natur hochgehalten. Bei *Beck´s* werden die Assoziationen wie männlich und rau durch die Interpretation der rauen Stimme von Joe Cocker im Song „Sail Away" umgesetzt[34]. Aus der rauen Stimme und der visuellen Ebene können aber noch weitere semantische Begriffe herausgebildet werden, wie z.B. „grünes Schiff", „Wellen", „natürlich", „herb", „weltmännisch", oder „Meeresbrise". *Krombacher* hingegen differenziert sich durch Assoziationen wie rein und belassen, worauf ein klassisches Orchester die musikalische Umsetzung übernimmt und somit Werte der Naturverbundenheit hervorruft. Ein Orchester mit klassischen Instrumenten stellt Beständigkeit dar und vermittelt hier feste, traditionelle Werte, die wiederum Naturverbundenheit assoziieren lassen. Die Beobachtung, dass ein klassisches Orchester mit Reinheit und Natürlichkeit verbunden wird, führt direkt zum nächsten Punkt, der die musikalischen Klischees behandelt.

4.3.3 Musikalische Klischees

Komponisten und Sounddesigner wollen ihre Werke vom Rezipienten richtig verstanden wissen und die von ihnen gewünschten Assoziationen auslösen. Deshalb setzen sie vielfach auf musikalische Klischees, d.h. auf Instrumente, Rhythmen und Klänge, denen bestimmte Attribute nachgesagt werden. Diese haben sich im Laufe der Zeit herausgebildet und etabliert, denn wir sind innerhalb einer Tradition geschult, erkennen Grundsymbole und Klischees in der Musik und ordnen ihnen eine konkrete Inhaltlichkeit zu. Somit bestehen Klischees für die Instrumentierung und Rhythmik, um bestimmte Landschaften, Länder oder Musik-

33 jedoch gibt es auch hier verschiedene Herangehensweisen und Methoden, deren Eignung jeweils von den Rahmenbedingungen des Projektes abhängen.

34 ebenfalls „rauen" Charakter haben andere Songs, die bei der *Beck´s* Werbung eingesetzt wurden, z.B. von der Rock Band *Leo can dive*.

genres zu repräsentieren (vgl. Gundlach 1935, 625ff.; Bullerjahn 2001, 81). Rhythmische Klischeebildungen gleichen beispielsweise stilspezifischen Gruppierungseffekten, die sich „aufgrund von Erwartungen, die sich durch Hören der Stücke, eines bestimmten musikalischen Stiles aufbauen" (Pfleiderer 2006, 70).

Klischees oder Stereotypen haben eine ähnliche Bedeutung wie der Begriff des Schemas, doch mit einem wesentlichen Unterschied: Klischees beruhen auf einem gemeinsamen Verständnis, das in der Masse von Rezipienten gleichermaßen und in ähnlicher Qualität verankert ist. Schemata hingegen fungieren als Bausteine der Wahrnehmung und ermöglichen erst ein Klischee. Sie können erneuert werden, während Klischees eine Kontinuität aufweisen. So besteht wohl für die Mehrheit von uns bei einer Melodie im Stil des Calypsos die Verbindung mit der Vorstellung von südlich-exotischen Palmenstränden. Es ist dies ein aus Erfahrung gelernter Zusammenhang, der aber bei den meisten Menschen wohl gleiche assoziative Wirkung hat.[35] Deswegen kann das genannte Beispiel als Klischee bezeichnet werden.

Die musikpsychologische Bedeutung der Schemata für musikalische Klischees und ihre Interpretation konstatiert Stoffer (vgl. 1997, 475). Er gibt den Hinweis auf kulturell und episodisch gelernte Beurteilungs- und Verständnismuster. Sie entwickeln sich aus den erfahrenen Regelmäßigkeiten der Klangsyntax eines Stils und äußern sich in der Wahrnehmung des Hörens als „Klangfolgeerwartungen" (Louven 2005, 218). Eine stabile und deutliche Klangsyntax bietet dem Rezipienten eine erleichterte Gliederung und Kategorisierung des musikalischen Materials und hat so eine wichtige Orientierungsfunktion. Das erklärt im Umkehrschluss den Einsatz und die Verwendbarkeit von Klischees.

Die Anwendung von Instrumentenklischees ist sehr gebräuchlich und schon relativ alt. Beispielsweise werden unterschiedliche Klangfarben verschiedener Instrumente bei Prokofievs Peter und der Wolf (1936) bestimmten Tieren zugeordnet. In seinen Ideen zu einer Ästhetik der Tonkunst schrieb Schubart u.a. „Das Waldhorn [...] ist ein guter ehrlicher Mann" (1806, 313) und beschreibt das Horn als „himmlisches Instrument" (1969, 311, in: Reuter 2002, 319). Attribute wie edel und ernst wurden dem Horn auch deshalb zugeordnet, da es sich aufgrund instrumentenspezifischer Eigenschaften (langer Einschwingvorgang) für lang-

35 dem ursprünglichen Calypso liegt eigentlich eine geheimnisvoll und dunkle Attitüde zugrunde wird jedoch heute meist mit Kitsch assoziiert.

samere Melodien oder ausgehaltene Töne eignet und so eine langsame (sentimentale) Spielweise gebräuchlich wurde (vgl. Reuter 2002, 332). Die Blechbläser als Repräsentanten von Macht und Adel, oder die Oboe als Äquivalent zum unschuldigen Mädchen deuten auf eine lange Tradition der Klischeewirkung hin.[36]

Rückblickend auf die letzten Dekaden kann ein deutlicher Anstieg an neuen Instrumenten und Arten der (computergenerierten) Tonerzeugung beobachtet werden, woraus sich weitere Klischees entwickelt haben. Eine verzerrte E-Gitarre steht somit für Rock´n´Roll, und auch die Popmusik der 1980er Jahre zeichnet sich durch einen oft sehr individuellen synthetischen Charakter aus. Gleiches gilt bei der gegenwärtigen Popmusik, bei der immer wieder die gleichen oder ähnlichen Instrumente Anwendung finden, um spezielle Zielgruppen anzusprechen. Diese Beispiele machen deutlich, dass Klangfarben, also der spektralen Zusammensetzung akustischer Ereignisse, eine starke identitätsstiftende Bedeutung zukommt und daher auch gewissenhaft zu handhaben sind.

Schubart verfasste neben den Instrumentenklischees auch eine Liste der Charakteristik der Tonarten (vgl. 1806, 377ff.). In Anbetracht der Zeit, in der er diese Liste anfertigte, sind jedoch Abweichungen durch kulturell veränderte Hörgewohnheiten zu vermuten. Auch neuere Literatur (siehe S. 91) liefert eine Auflistung von Tonarten und schreibt ihnen bestimmte Charakteristika zu. Dies sind aber oftmals subjektive Einschätzungen und können daher leicht voneinander abweichen. Somit ist die Zuordnung der Tonarten zu bestimmten Attributen mit Vorsicht zu behandeln.

Frühe Beschreibungen von Tonartencharakteristiken wie sie heute oft Verwendung finden, sind Ende des 17. Jahrhunderts zu finden. Zu dieser Zeit existierte allerdings noch nicht die gleichschwebende Stimmung[37] mit einer äquidistanten Aufteilung der Tonhöhen, weswegen der Tonartengebrauch oft instrumentengebunden war. Das zeigt Auhagen (2003) am Beispiel der Trompete. Aufgrund der tonartenspezifischen Klangbe-

36 Eine Auflistung über die Klangfarben und Klangcharakteristik des Horns und dessen Assoziationen, auch unter evolutionärem Aspekt, präsentiert Reuter (vgl. 2002, 318ff.; 330f.; 335ff.) in einer detailreichen Zusammenstellung.

37 „Unter *Stimmung* versteht man die Fixierung von Tönen eines Musikinstruments hinsichtlich ihrer absoluten und relativen Tonhöhe, in der Regel nach einem vorgegebenen theoretischen System" (Auhagen 1998, 1831). Die Temperatur ist die gezielte Veränderung einiger Intervalle zugunsten anderer Intervalle und deren Klangqualität (vgl. ebd., 1832). Paul Hindemith beschreibt die gleichschwebende Temperatur als geniale Erfindung, „die im Wirtschaftsleben an Stelle des Warenaustausches das Geld gesetzt hat" und so zum „Allerweltverständigungsmittel des Musikers" wurde (Hindemith 1940, 46).

sonderheiten einiger Musikinstrumente standen Kompositionen, in diesem Fall für Trompete, in D-Dur. Dem Klang der Trompete in dieser Tonart wurden dann Attribute wie kriegerisch, feierlich und prächtig zugeordnet (vgl. Auhagen 2003, 89; 93). Aus dieser funktionsgebundenen Musikausübung interpretierte man den Zusammenhang von D-Dur und deren charakteristischer Attribute und verfasste daraus eine Tonarten-Symbolik. Dies entstand u.a. auch durch den Gewöhnungseffekt, d.h. die häufiger verwendete Instrumentenstimmung wird der weniger häufig verwendeten vorgezogen (vgl. Reuter 2002, 24). Aus dieser Wechselwirkung wurden Komponisten

> „*[d]urch einen musiktheoretischen Sachverhalt zu einer bestimmten Tonartenverwendung angeregt, beeinflußten hiermit musiktheoretische Abhandlungen über die Tonartencharakteristik, die ihrerseits vermutlich von Komponisten rezipiert wurden, so da[ss] sich die Symbolik [...] festigte*" (Auhagen 2003, 94).

Besonders spielten bei den Tonarten die Unterschiede in der Reinheit der Akkorde eine Rolle. Aus der ungleichstufigen Temperatur der Intervalle ergab sich dann eine charakteristische Stimmung. Deshalb resultieren bestimmte Merkmale zum einen aus überlieferten Vorstellungen, zum anderen aus der Praxis und der Verwendung der Tonarten in einem speziellen Kontext (vgl. ebd., 91f.). Aufgrund von Neuerungen im Instrumentenbau (z.B. Ventiltrompete) und anderer Entwicklungen[38] ist heute die Tonart nicht mehr mit dem Instrumentenklang gekoppelt aber verliert dennoch nicht an Bedeutung.

> „*Durch das Hinzufügen von Klappen und Aufsetzbögen konnten immer mehr Tonarten auf einem einzigen Instrument gespielt werden, so da[ss] sich schließlich diejenigen Instrumente durchsetzten, auf denen die meisten Tonarten am bequemsten spielbar waren.*" (Reuter 2002, 24).

Ein relativ modernes Mittel zur Erzeugung von Klischees sind Audiobearbeitungsmaßnahmen. Filterung, Verzerrung und die Hinzugabe von entsprechenden Effekten modulieren ein akustisches Signal und simulie-

38 Die typischen Eigenschaften unterschiedlicher Instrumente und deren Verwendung ist aufgrund diverser Faktoren entstanden, wie sozialer Status des Instrumentalisten, ästhetische und politische Modeströmungen, Anpassung an das Ensemblespiel sowie Gewohnheit und Gewöhnung (vgl. Reuter 2002, 494f.).

ren eine Umgebung, z.B. eine Großveranstaltung, Clubatmosphäre oder eine sakrale Stimmung. Oftmals wird auch der Versuch unternommen, mittels Schellack- oder Vinylplatten-Geräuschen „auf eine vergangene Epoche, einen bestimmten Zeitgeist oder ein bestimmtes Lebensgefühl" (Maempel/Weinzierl/Kaminski 2009, 780) zu verweisen.

Tabellen von *Instrumenten* und *Musikgattungen* und der damit verbundenen *Klischees, Assoziationen, Stimmungen, Produkteigenschaften* und *Zielgruppen* finden sich bei diversen Autoren. Beispiele: Bronner 2004, 21; Bruner 1990, 100; Haverkamp 2009; Helms 1981; Krugmann 2007, 45, 50; Reinecke 1967; Reuter 2002; Rigg 1983; Ringe 2005, 21, 24, 44ff.; Tauchnitz 1990, 13; Vinh 1994, 33; Wüsthoff 1978, 38ff.; Wüsthoff 1999, 40ff..

Eine empirisch begründete Objektivität als Grundlage fehlt bei vielen dieser Darstellungen. Es ist zwar empirisch belegt, dass zwischen akustischen Parametern, grundlegenden Emotionen und auch körperlichem Ausdrucksverhalten ein Zusammenhang besteht. Dieser basiert aber auf elementarem Material (meist Tempo und Klangfarbe),

> *„das vor einer kulturellen Überformung, vor einer zeichenhaften Bedeutung liegt. Dies betrifft sowohl den Aspekt des Generierens als auch jenen des Rezipierens, jedoch mit dem expliziten Hinweis, dass die Bewertung, bedingt durch Sozialisation, einzelner Emotionen interkulturell variiert."* (Flath 2009, 38).

So können meist keine detaillierten akustischen Parameter bestimmt werden. Sie beruhen teilweise auf dem Trial-and-Error-Prinzip, dem intuitiven Bauchgefühl und auf Gewohnheit. Manch einer zweifelt an der kalkulierbaren Vermittlung von spezifischen Emotionen oder Assoziationen. So können bereits Klangfarbenkombinationen bzw. die Kombination einzelner Musikinstrumente den Gesamteindruck einer Klangfarbe oder einer musikalischen Kontur verändern (vgl. Reuter 2002; Tauchnitz 2001, 99). Auch muss hier nochmals betont werden, dass Bedeutungen und Bewertungen musikalischer Formen und Strukturen Teil einer kulturellen Konditionierung sind.

Vergleichbar ist das mit der jeweils eigenen Rhetorik einer Sprache. So müssen beispielsweise internationale Markennamen für die Erschließung im asiatischen Raum auch an die Eigenheiten der asiatischen Sprachen angepasst werden oder eben universellen Charakter haben (vgl. Kilian 2009a). Aber auch funktionale Klänge müssen auf interkulturelle Unterschiede untersucht werden. Fastl (2005) nennt als Beispiel, dass der Klang einer Glocke (bell) bei Deutschen Versuchspersonen das Bild einer Kirchenglocke hervorruft, angenehm („pleasant“) und gefahrlos („safe“) klingt, japanische Versuchspersonen diesen Klang hingegen als unangenehm („unpleasant“) und gefährlich („dangerous“) einstufen und diesen mit Feueralarm oder Bahnübergang assoziieren (vgl. Fastl 2005, 153).

Auf Gemeinsamkeiten weisen jüngste Studien zur markenbezogenen Phonetik und Ergebnisse der assoziativen Wirkung von Markennamen hin[39]. Das Ergebnis einer der Studien rät z.B. zu einer „phonetic sound repetition“ des Markennamens, d.h. zu repetitiven Elementen im Namen wie bei Coca-Cola (vgl. Argo/Popa/Smith, 2010, 107). Die Autoren weisen außerdem auf eine unterschiedliche Erinnerungsleistung bei lauter Aussprache und stillem Lesen hin, denn „humans are endowed with a phonological store and an articulatory control process“ (ebd., 108).

Aufgrund interkultureller Unterschiede der genannten Beobachtungen sowie mangelnder Rationalisierbarkeit und Systematisierbarkeit kann die Werbung vielleicht so besser als oftmals künstlerischer Gestaltungsprozess gerechtfertigt werden.

4.4 Audiovisuelle Interaktionen

Die menschliche Wahrnehmung beruht oft auf der Komplementarität von Auge und Ohr. Das Ergebnis sind Bildwelten der Klänge und Klangwelten der Bilder. Ergebnisse zur Konvergenz der Sinne liegen in Ansätzen in der neurophysiologischen und rezeptionspsychologischen Forschung vor (vgl. Rösing 2003; Rösing & Bruhn 1998, 10f.). Das Sehen und Hören spielt auch deshalb eine große Rolle, weil diese höheren Sinne die genauesten Informationen über die Umwelt erfassen und über vergleichbare Prinzipien der Informationsverarbeitung verfügen. Dafür

39 Eine Darstellung zum phonetischen Symbolismus von Konsonanten und Vokalen bietet u.a. Esch (vgl. 2008, 224).

ist gegenüber den niederen Sinnen (z.B. Schmecken und Hautsinn) kein unmittelbarer Körperkontakt von Nöten.

Wie Kroeber-Riel (1982) zu entnehmen ist, stand die Erforschung von in Beziehung gesetzten Kommunikationskanälen (z.B. Wort-Bild) vor knapp 30 Jahren an einem ähnlichen Punkt wie heute die Bild-Klang-Beziehung. Damals steckte die Erforschung der Wirkung von visuellen Gestalten auf das Konsumentenverhalten noch in den Kinderschuhen. Das hat sich drastisch gewandelt, denn Bild-Text Beziehungen sind heute gut erforscht und finden seit Langem professionelle Umsetzung in der Werbepraxis. Heute hingegen steht die Erforschung der Beziehungen zu akustischen Reizen am Beginn. Nach und nach beginnen Unternehmen - im Sinne einer Multisensualität - akustische Elemente im Corporate Design einzusetzen und eine Bild-Klang-Beziehung zu kreieren. Doch ist das Auditive in Kombination mit dem Visuellen kein neuer Inszenierungspartner und verspricht aus Erfahrung großes Erinnerungspotential. So erinnert man sich an die Musik seines Lieblingsfilms und hat diesen sodann vor seinem geistigen Auge. Auch werden oft typische Geräusche mit den dazugehörigen Filmszenen assoziiert. Das gleiche gilt für Alltagsgeräusche.

> *„Jeder Mensch ist in der Lage, für ihn wichtige, weil lebensprägende Geräusche, Töne, Musik, Stimmen und diese prägende Sounds zu erinnern und gleich einem persönlichen Klangtagebuch für immer und ewig festzuhalten.“* (Westermann 2008, 282).

So verstärken besonders Radiospots den erwähnten **Visual-Transfer** (benannt nach der Studie „Visual-Transfer-Studie ´90“) und die bildlichen Vorstellungen, die von Werbemitteln in den Empfängern hinterlassen wurden. Kurze musikalische Ausschnitte – aber auch andere äußere Reize unterschiedlicher Modalität sowie innere Sehnsucht - können diesen Effekt hervorrufen, also visuelle Gedächtnisbilder aktivieren, ohne eine visuelle Spur dargeboten zu haben. Aufgrund paralleler Einschaltungen in TV und Radio (als ideale Komplementärmedien) können die erzielten Visual-Transfer-Effekte die Werbewirkung sowie die Effizienz der kommunikativen Maßnahmen erhöhen. Damit die preiswertere Radiowerbung die Fernsehwerbung ersetzten kann, sind starke Bildwirkung in der Fernsehwerbung und starke akustische Brücken zu den Bildern nötig. Genau das fällt in den Aufgabenbereich eines Audiologos (vgl. Bronner 2009a, 93; Kroeber-Riel 1996, 41 u. 320; RMS Austria 2007). Der Visual-Transfer ist eine Art sinnliche Erfahrung ohne äußeren Reiz, bei der durch das bloße Vorstellen eines akustischen Ereignisses die gleichen Hirnareale beteiligt sind, wie bei der Wahrnehmung über den auditiven Kanal (vgl. Bruhn 2005, 574). Auch Roth (2005) findet den Grund für den kombinierten Einsatz visueller und auditiver Reize in der Neurophysiologie und der intermodalen Beziehung. So kann frühe visuelle sensorische Verarbeitung bereits durch einen akustischen Reiz modifiziert werden, da er früher die ersten Areale der visuellen Verarbeitung passiert als der visuelle Reiz selbst (vgl. Roth 2005, 55f.). Roth fasst einige Ergebnisse diverser Studien diese Thematik betreffend zusammen und kommt zu einer Gliederung der Beeinflussung von Tempo, Dynamik und Rhythmik. So kann die wahrgenommene Geschwindigkeit, Intensität und Struktur eines visuellen Reizes durch eine gleichzeitige Darbietung eines akustischen Reizes beeinflusst werden. Eine Geräuscheinwirkung auf das Ohr beeinflusst kurzfristig dessen Empfindlichkeit und die Wahrnehmungsschwelle wird kurzzeitig erhöht. Dieses Verhalten machen sich die Werbetreibenden zunutze und präsentieren eine Werbeeinschaltung im Radio, TV oder Internet mit höherer Lautstärke im Vergleich zum Vorhergehenden, was Aufmerksamkeit schafft und den Rezipienten im besten Fall bindet. Deshalb sind auch die Kosten für einen Spot an der ersten Stelle einer Schaltung auch am höchsten.

Die beiden Sinne (auditiv und visuell) haben auch modifizierende Eigenschaften und einen Einfluss auf die Wertung. Demzufolge wird bei einer hohen Bildqualität eines Werbespots auch das Audiosignal als hochwertiger eingestuft (vgl. Kohlrausch & van de Par 2002, zit. n. Haverkamp 2009, 140). Auch Fastl erwähnt, dass die Wertung akustischer Reize durch zusätzliche visuelle Darstellung beeinflusst wird und diese Darstellung einen Einfluss auf die bewertete Klangqualität von Sprache hat (vgl. 2005, 158). Dieses Phänomen lässt sich mit dem McGurk Effekt erklären. Das Gehirn versucht nämlich, voneinander abweichende Informationen von Auge und Ohr zu korrigieren (vgl. McGurk & McDonald 1976, 746ff.; Kohlrausch & van de Par 2005, 113f.). Welchem der beiden Sinne eine größere Bedeutung zukommt, scheint nicht gesichert. Tauchnitz (vgl. 1990, 33ff.), Schlemmer (vgl. 2005, 179) und Raffaseder (vgl. 2002, 251) zeigen, dass visuelle Reize eher die räumliche Verarbeitung verstärken, auditive Reize sich aber erst durch die Zeitgestalt entfalten.

Die audiovisuelle Interaktion lässt sich abschließend an zwei Beispielen - Deutsche Telekom und Lufthansa - gut verdeutlichen. Diese Beispiele weisen in akustischer und visueller Darbietung hohe Kongruenz auf. Beim Audiologo der Deutschen Telekom stimmt die Anzahl der Töne mit der Anzahl der Silben überein. Zudem bildet das eingefügte „T“ die Terz über den gleichen Digits. Etabliert sich das Beispiel des T-Logos, das meist in animierter Form präsentiert wird, so kann das Audiologo (nur als Audiospur) eigenständig wirken und die Verknüpfungen zur Animation der aufblinkenden magentafarbenen Digits, besonders aber des „T´s“ hervorrufen. Auch bei dem Audiologo der Lufthansa ist eine Analogie in Melodieführung und visueller Gestaltung des „Kranichs“ zu beobachten. Der auslaufende Flügel wird im Audiologo mittels geräuschhafter Turbinengeräusche umgesetzt, was gleichzeitig auch einen Flugzeugstart nachbildet.

Esch & Langner (vgl. 2005, 613ff.) erwähnen auch eine signifikante Beeinflussung einzelner Produkteigenschaften sowohl durch Name-Logo-Kombination als auch durch deren Farbe. Wie sich zahlreiche weitere Eindrücke mittels anderer formaler Gestaltungsmittel vermitteln lassen, findet sich in weiterführender Literatur (vgl. Langner 2009, 290ff.; Haverkamp 2009, 153f. u. 274). Die Relevanz für die akustische Gestaltung liegt in der Annahme, dass z.B. eine Konturschärfe (runde Formen, spitze Winkel) des visuellen Logos auf ein Audiologo projiziert werden kann. Ergebnisse über die Wirkung von musikalischen Strukturen auf die visuelle Wahrnehmung werden kurz skizziert:

Tabelle 7: Qualität von Klang, Form und Farbe

Große Formen | dunkle Farben	**Kleine Formen | helle Farben**
Tiefe und laute Töne	Hohe und leise Töne
Geringe Anzahl an Obertönen	Zahlreiche Obertöne
Lange Ausschwingzeit	Kurze Ausschwingzeit

Quelle: vgl. Haverkamp 2009, 153; Flückiger 2001, 404.

Dasselbe gilt für andere multisensuelle Forschungsergebnisse. So wird versucht, olfaktorische und visuelle Qualitäten in Beziehung zu setzen:

Tabelle 8: Analogien zwischen olfaktorischer und visueller Reizqualität

Olfaktorische Qualitäten		
Süß	→	Runde Linien und Kreisformen
Sauer („salad“)	→	Fragmentierte Linien und winkelige Formen
Bitter	→	Irreguläre Linien und Formen

Quelle: vgl. Haverkamp 2009, 156.

Ebenfalls gibt es bisher erste Ansätze gustatorische und akustische Eindrücke zusammenzuführen, wie der Studie „Sound of Citrus“ zu entnehmen ist. Die Studie bestätigt, unterschiedliche gustatorische Reize anhand akustischer Repräsentation zu unterscheiden (vgl. DLG 2009).

5. Brand Sounds und deren Anwendung

Der Prozess der akustischen Markenführung verläuft unter Einsatz zahlreicher akustischer Elemente, den sogenannten Brand Sounds. Alle diese Brand Sounds zusammen lassen sich unter dem Begriff „Corporate Sound" subsumieren. Sie sollten eindeutig und problemlos zu definieren und zu differenzieren sein. Denn jedem Brand Sound innerhalb des Corporate Sound wird eine bestimmte Aufgabe und eine individuelle Funktion zuteil. Darum wird er an spezielle Bedingungen in der Markenkommunikation angepasst. Die Gemeinsamkeit der einzelnen Elemente eines Corporate Sound besteht meist im konsistenten Einsatz sowie deren Interaktion. Interaktion deshalb, weil in einem professionellen Audio Branding-Prozess alle Brand Sounds einen gemeinsamen Nenner aufweisen, d.h. auf einem eindeutig definierten akustischen Material basieren und aus diesem heraus entwickelt werden.

Im Folgenden soll eine Definition der wichtigsten Brand Sounds vorgenommen werden und auf deren Anwendungsgebiete und den Nutzen für die Marke hingewiesen werden. Auch wenn das Audiologo die zentrale Position in dieser Arbeit einnimmt, bestehen substanzielle Beziehungen zu anderen Brand Sounds, da eben oftmals die integrative Nutzung des Audiologos im Corporate Sound zu verzeichnen ist.

5.1 Audiologos

Das Audiologo ist ein kurzes akustisches Erkennungsmerkmal einer Marke oder eines Unternehmens. Aufgrund der Kürze ist ein Audiologo kompatibel mit einem visuellen Logo und geht im Idealfall mit diesem eine Symbiose ein. Die wichtigsten Anforderungen an ein Audiologo sind **Kürze, Unverwechselbarkeit, Memorierbarkeit** und **Flexibilität** (nähere Erläuterung auf S. 100). Diese Anforderungen haben die Funktionen der Aktivierung, Kognitions- und Imagebildung (⇒ Kapitel 4).

Hinsichtlich der kurzen Gestalt des Audiologos ist es notwendig, in nur wenigen Sekunden auf den Punkt zu kommen und die automatische Zuordnung von Inhalten und Assoziationen zu ermöglichen. Deswegen wird das Audiologo besonders eingesetzt, um eine Marke oder ein Produkt abzugrenzen. Werbespots, die direkt nacheinander geschaltet sind, erhalten durch Audiologos eine gleichzeitige Abgrenzung und Kennung und erhöhen somit den Recall (Memorierbarkeit). Außerdem ist ein werbewirksames Audiologo untrennbar mit dem Markenimage gekoppelt und muss vorbehaltlos dazu passen. Damit das Logo funktioniert, muss es zunächst im Zusammenhang mit der Marke gelernt werden. Je leichter es erkannt wird, desto schneller kann auch eine Assoziation erfolgen, die das semantische Netzwerk ansteuert (vgl. Steiner 2009, 103). Eine gute Memorierbarkeit benötigt weniger Wiederholungen. Weniger Werbeschaltungen sind wiederum mit Kostenersparnis verbunden.

Gestalt

Eine zeitliche Beschränkung der musikalischen Ereignisse zwingt beim Design-Prozess meist zu einer äußersten Konzentration des Klangmaterials, was nicht selten zu einer sehr komplexen (innermusikalischen) Gestalt führen kann. Die Gestalt des Audiologos kann sich auszeichnen durch melodie- und klanghaften Charakter (*Deutschen Telekom, Fiat, Intel, Pro7*) oder durch geräuschhaften Charakter (*Audi, BMW*[40], *Peugeot, A1, Nordsee, Wrigley's* oder *Jägermeister*). Das Audiologo kann ebenso textiert in Erscheinung treten (*Mazda, Hornbach, Mercedes Benz, Katjes, Schneekoppe*). Meist gibt es aber Kombinationen dieser Gestalten, wodurch sich keine klare Differenzierung vornehmen lässt. Wie schwierig eine Kategorisierung ist, lässt sich am Beispiel des bei der Werbung für *Mazda* eingesetzten Claims „Zoom, zoom" zeigen. Diese von einer flüsternden Kinderstimme vorgetragenen zwei Worte (die im deutschen soviel heißen wie „brumm brumm") können als Audiologo, Slogan, oder vielleicht sogar als Brand-Voice bezeichnet werden. Hier dominiert aber im Besonderen die Kürze sowie die spezifische „zischende" Klangfarbe und die Verwendungsweise dieser akustischen Signatur, was die Bezeichnung als Audiologo rechtfertigt.

In der folgender Abbildung ist die Kategorisierung einer Auswahl an Audiologos und deren Überschneidungsbereiche dargestellt.[41] Eine Analyse und Diskussion der dargestellten Audiologos erfolgt in Kapitel 10.

---

40 Der „Ambossschlag" von BMW kann anthropologisch begründet werden, da u.a. Amboss und Schmiedehammer bis zur industriellen Revolution „der mächtigste Klang [war], der von Menschenhand je produziert wurde" (Schafer 1988, 80).

41 Die Aufteilung der unterschiedlichen Audiologos erfolgt aufgrund eher subjektiver Wahrnehmung des Autors.

Abbildung 12: Kategorisierung der Gestalt ausgewählter Audiologos

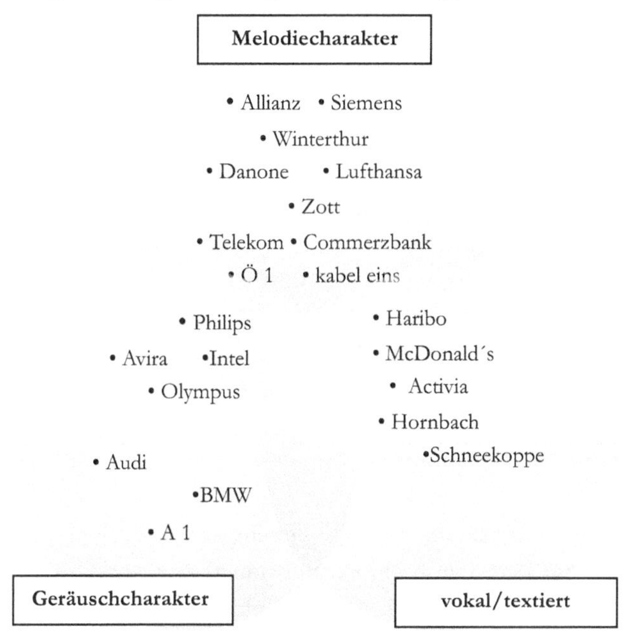

Quelle: eigene Darstellung.

Es kann beobachtet werden, dass der Charakter eines Audiologos überwiegend melodisch, rhythmisch oder harmonisch angelegt ist. Im kreativen Prozess im Vorfeld der Produktion kann überlegt werden, welcher der drei Bausteine dominant wirken soll. Ist diese erste Entscheidung getroffen, lassen sich daraus spezielle Instrumentierungen und damit verbundene resultierende Klangfarbe entwickeln. Da sich ein Audiologo aber durch seinen individuellen Klangcharakter auszeichnet ist anzunehmen, dass es das richtige „Mischverhältnis" der musikalischen Gestalten ist, die das Audiologo unverwechselbar macht. Es darf nicht vergessen werden, dass gerade die Summe von Melodie, Rhythmus und Harmonie eine intensive Wirkung haben können, denn das Ganze ist mehr als die Summe seiner Teile. Nimmt man darauf Rücksicht, so müssen sowohl die zeitbezogenen Komponenten, die klangbezogenen Komponenten und die Klangqualität als auch die Musik als Ganzes betrachtet werden (vgl. Roth 2005, 101). Es ist jedoch auch klar, dass keiner der Bausteine in einer Komposition ausgelassen werden kann und naturgemäß vorkommen muss. Es kann nicht nur Rhythmus produziert werden, ohne auch eine Klangfarbe wiederzugeben. Gleiches gilt für einen gesungenen oder gesprochenen Markennamen. Kastner merkt an, dass eine textierte Gestaltungsvariante eines Audiologos in der gegenwärtigen Praxis als veraltet gilt und eher gemieden wird und ihrer Ansicht nach als Kurzvariante des Jingles anzusehen ist (vgl. 2008, 65). Aus heutiger Sicht kann dieser Trend durchaus bestätigt werden und obwohl den „Alterserscheinungen" durchaus beigepflichtet werden kann, werden hingegen im Großteil der Literatur über Audio-Branding und akustische Markenführung auch textierte Varianten im Kontext des Audiologos präsentiert (z.B. Redesign von kabel eins ⇒ S. 155). Die folgenden Überlegungen folgen deswegen diesem Ansatz und damit der Majorität.

Die Gestaltanforderungen:

- Kürze/Prägnanz (Conciseness)
- Unverwechselbarkeit (Distinctiveness)
- Memorierbarkeit (Memorability)
- Flexibilität (Flexibility)
- Passung (Fit)

Die Gestaltbildung von Kürze und Prägnanz ist leicht nachvollziehbar. Die **Kürze** resultiert aus dem häufigen Einsatz des Audiologos. Wäre es länger als ein paar Sekunden, ginge das sicherlich mit Reaktanzerscheinungen[42] einher. Um einer kurzen Gestalt aber dennoch Bedeutung zukommen zu lassen, muss diese prägnant gestaltet sein. Eine geeignete Definition zu **Prägnanz** liefert Metzger:

> *„Als prägnant bezeichnet man erstens Gebilde von gesetzmäßigem Aufbau, die geordnet und in sich einheitlich oder harmonisch erscheinen – im Gegensatz zu 'Zufallsverteilungen', die irgendwie beliebig oder willkürlich 'zusammengewürfelt' sind."* (Metzger 1968, 342).

42 Reaktanz ist ein Handlungsmotiv, das eine Abwehrreaktion bewirkt, die auftritt, wenn sich der Rezipient aufgrund einer als übermäßig empfundenen Beeinflussung in seiner Meinungs- und Verhaltensfreiheit eingeschränkt fühlt.

Der Vorteil von Kürze und Prägnanz liegt auf der Hand. Die Kürze eines Audiologos verringert die Reaktanzgefahr und Abnutzungserscheinung. Das ermöglicht den Einsatz über einen sehr langen Zeitraum und in verschiedensten Anwendungsbereichen.

Die **Unverwechselbarkeit** kann hier nicht als rationales Kriterium betrachtet werden, denn sie ist singulär und impliziert die Wechselbeziehung der anderen Anforderungen sowie konkurrierender Audio-Branding-Konzepte. Audiologos können am konkreten Beispiel und in einer speziellen Gegenüberstellung als unverwechselbar definiert werden.

Memorierbarkeit und Einprägsamkeit wurde unter den Wirkungs- und Funktionsaspekten von Audiologos bereits kommentiert. Wichtig ist, dass durch den häufigen Einsatz der Audiologos und deren Kürze diese akustische Gestalt auch identifiziert (*recognition*) und erinnert (*recall*) wird.

Die **Flexibilität** als Anforderung bedeutet das Funktionieren des Audiologos über diverse Medien in Anbetracht eines langfristigen Einsatzes. Um dem gerecht zu werden und Wear-Out-Effekten und möglichen Reaktanzen vorzubeugen, sollte sowohl musikalische als auch technische Flexibilität gewährleistet sein.

> „*Die Beobachtung, dass eine Kennmelodie als Markierung beibehalten wird, auch wenn die übrigen Teile eines Werbespots neu hergerichtet wurden, weist darauf hin, dass Musik sehr oft gehört werden kann ehe Sättigung eintritt. Sie bewahrt die Erinnerung an all die schönen Versprechungen auf.*“ (de la Motte 1996, 245).

Das Tonmaterial muss über das Potential verfügen, auch nach leichten Veränderungen in der eigenen Gestalt oder angrenzenden Gestalten, seine charakteristischen Eigenschaften beizubehalten und im Ganzen homogen zu wirken. Komponierte Ton- oder Geräuschfolge sollten auch nach veränderter Instrumentierung nicht im Charakter abweichen und immer noch mit der Markenidentität übereinstimmen.

Eine technische Flexibilität wird aus folgenden Gründen gefordert: Die jeweils unterschiedliche Charakteristik diverser Lautsprechersysteme bei den jeweiligen Wiedergabekanälen hat direkte Auswirkungen auf den gehörten Schall. Zu berücksichtigen gilt etwa die Wiedergabe über das Telefon oder kleine Radios, wo alle Frequenzen unterhalb von 300 Hz herausgefiltert und damit die Bassfrequenzen stark limitiert werden. So kann beobachtet werden, dass perkussive basslastige Klänge über diesen Kanal nur als „Klicks“ wahrgenommen werden. Ebenfalls wirkt sich die

Lautsprechercharakteristik auf die Grundfrequenz der menschlichen Stimme aus, da der tiefste Teilton (Männer 120 Hz, Frauen 240 Hz) meist fehlt (vgl. Deutsch 1994a, 15). Doch wie schon beschrieben, ist das Gehirn in der Lage, die fehlende Frequenz teilweise imaginär zu ergänzen (⇒ Residualton). Es wird jedoch vermutet, dass die Bildung eines Residuums bei akustischen Ereignissen geräuschhaften Charakters erschwert wird. Entsprechend der technischen Eigenheiten müssen bei der Konzipierung eines Audiologos erst die Haupt(kommunikations)kanäle identifiziert werden. Danach legt man die wichtigen Faktoren für die Komposition fest. Neben der Beschaffenheit der Lautsprecher sind auch die Wiedergabeverfahren, vereinzelt auch die Rezeptionssituation zu berücksichtigen. Bereits in der Planung werden anhand der Informationen über geeignete Verfahren für jeden Touchpoint (TV, Klingelton, Telefonwarteschleife, etc.) entweder ein universeller Sound oder mehrere individuell angepasste Brand Sounds geschaffen.

Nur ein striktes und starres Befolgen der hier genannten Gestaltungsanforderungen führt allerdings in den wenigsten Fällen zum gewünschten Erfolg. Wichtig ist einerseits die Konsistenz, also der längerfristige Einsatz der gleichbleibenden Marketingmaßnahmen. Denn es dauert eine Zeit, bis ein Markenimage in den Köpfen der Menschen aufgenommen, verstanden und akzeptiert wird. Deswegen misst man den Erfolg einer Marke auch nicht in Jahren, sondern in Jahrzehnten. Andererseits ist eine Anpassung der Marke an sich ändernde Bedürfnisse der Konsumenten von Nöten. Eine erfolgreiche Markenstrategie muss also dynamisch und sensibel vorgehen und enthält sowohl Kontinuität als auch Anpassungspotential.

Anwendung

Audiologos werden hauptsächlich in der externen Kommunikation (Radio, TV, Kino, Websites, Unternehmenspräsentation, Klingelton, Telefonwarteschleife...) eingesetzt. Diese Bereiche der Massenmedien bedienen auch ein Massenpublikum und erreichen Menschen jeglicher Zielgruppen mit dem Potential die eigene Zielgruppe ansprechen zu können.

Beim TV ist es wichtig, die Initialaktivierung zu berücksichtigen, da der Konsument auch erreicht werden soll, wenn er gerade bei laufendem TV-Gerät in die Zeitung blickt. Das gleiche gilt für den Radiokonsum.

Laut Brandmeyer (vgl. 2003, 62, zit. n. Kilian 2009a) erfolgt der Fernsehkonsum bei 24 % der Konsumenten eher passiv, da sie sich anderen Beschäftigungen widmen oder abgelenkt sind. Somit wird das Audiologo am Beginn oder am Ende eines Werbespots eingesetzt (z.B. Radio, TV, Kino, Internet), um die nachfolgende oder vorhergehende Information zu markieren (branden). Dabei kann beobachtet werden, dass bei der seriellen Darbietung von Informationen die ersten und die letzten Einheiten am besten behalten werden (vgl. Felser 2007, 165). Auch Wüsthoffs (1999) Theorie der „Gefühls-Einschwingzeit" bestätigt das. Er meint damit Kompositionskriterien, die zu beachten sind, um den Rezipienten überhaupt zu erreichen, da der Charakter der Musik erst nach ein bis zwei Sekunden erkannt wird. Je nach Komplexität und Vertrautheitsgrad der einzelnen Bausteine variiert die zeitliche Spanne. Da sich seine Theorie auf Spots mit einer Länge von 20 Sekunden beschränkt, trifft sie in diesem Fall nur teils zu. Herauslesen lässt sich dennoch, dass einer Darbietung des Audiologos am Ende eines Spots bereits akustisches und anderes Material voranging und der Rezipient daher für das abschließende Audiologo „eingestimmt" ist.

Das Internet eignet sich neben dem erwähnten Einsatz in Werbespots ebenfalls gut als interaktives Marketinginstrument. Durch die Steigerung der Bandbreite und ubiquitären Verfügbarkeit des Internets kommen potentielle Konsumenten auch in Kontakt mit internetspezifischer Werbung. Dabei lohnt sich die Spezialisierung auf dieses Gebiet, denn 2007 wurde erstmals mehr Geld in Internetwerbung investiert als in Hörfunkwerbung (vgl. Peters 2008, 69). Steiner verweist auf das Potential klingender Websites, die in Zukunft eine bedeutende Rolle in der akustischen Kommunikation einnehmen (vgl. Steiner 2009, 121). Diese Art von Design meint aber nicht die Implementierung einer andauernden Geräuschkulisse während sich der Benutzer auf der Website aufhält, sondern eher ein wohlüberlegtes Konzept, das die Benutzerfreundlichkeit steigert und eine Orientierungshilfe bei den Webinhalten bietet. Ein Beispiel spezifischer Werbung wäre die Implementierung eines Audiologos beim Aufruf einer Website. Ebenso liefern aber auch andere akustische Maßnahmen wertvolle Synergieeffekte und können dargebotene Informationen bereichern. Denn „[d]er Konsument erwartet auch im Internet die Fortsetzung der Erlebniswelt" (Weinberg & Diel 2001, 33). Um jedoch eine Reaktanz zu vermeiden, müssen die Möglichkeit und der Hinweis auf Deaktivierung der Lautsprecherfunktion gegeben sein. Betrachtet man die gegenwärtige Situation der Werbeeinsätze im Internet, so kann bereits das Befolgen dieses Hinweises beobachtet werden. Bei einzelnen Browserfenstern oder auch bei integrierter Bildwerbung erklingt die akustische Botschaft erst dann, wenn sich auch der Cursor auf diesem Objekt befindet, bzw. wenn Elemente der Bildwerbung angeklickt werden. Das sind beispielsweise Maßnahmen, die das akustische Umweltbewusstsein unterstützen, deswegen aber auch nicht unbedingt beliebter bei den Usern sind.

Weitere Einsatzorte, an denen Audiologos gut zur Geltung kommen, sind Klingeltöne, Telefonwarteschleifen, Produktpräsentationen, Konzertereignisse, Kultur-Events und Computerspiele. Bei den genannten Anwendungsgebieten erfolgt oft ein integrativer Einsatz des Audiologos. So kann es in ganzer Gestalt oder auch nur fragmentarisch im Brand Song, Jingle, in der Telefonwarteschleife oder Soundscape wirken.

Musterbeispiel: *Deutsche Telekom*

Das 1997 entstandene und seit 2001 beim europäischen Harmonisierungsamt eingetragene Audiologo weist sowohl eine Logo-Akustik-Kombination als auch eine Name-Akustik-Kombination auf. Das Logo wurde von der Corporate Identity-Agentur Interbrand Zintzmeyer & Lux in Zusammenarbeit mit den in NY ansässigen Musikern Joe Barone und Chris McHale entworfen. Es ist ein exzellentes Beispiel eines Gedächtnisankers, da so gut wie alle Forderungen (Kürze, Prägnanz, Unverwechselbarkeit, Flexibilität, Passung) umgesetzt sind: Das Audiologo ist kurz (880ms), auffällig, einheitlich, flexibel in musikalischer[43] wie technischer Hinsicht (z.B. Instrumentierung mit E-Gitarre, Fußball-Fanfaren, Vokal), das Schema der Dur-Kadenz sorgt für Vertrauen und Eingängigkeit und es geht eine Symbiose mit dem visuellen Logo ein. Während die vier magentafarbenen oder grauen Punkte (Dots oder Digits) in der Tonhöhe des c'' erklingen, ertönt das „T" als vorletzter Ton eine Terz höher (e''). Dies kann einen Visual-Transfer-Effekt haben, aber auch umgekehrt wirken, indem bei lautloser Darbietung der Animation die fünf Töne in Erinnerung gerufen werden. Das sprachliche fünfsilbige

43 Variationen gelten nur ein einem definierten Rahmen. In den Sound Guidelines wird ausdrücklich darauf hingewiesen, dass eine moderate Veränderung der Notenwerte – unter Beibehaltung der Melodie – immer dann möglich ist, wenn die Betonung/Akzenturierung (erster und und fünfter Ton) unverändert bleibt.

Analogon der kurzen Melodie sieht so aus: deu-tsche-te-le-kom. Eine Fourieranalyse ergibt einen Frequenzbereich von 670-3500 Hz. Somit ist es für das menschliche Ohr und technische Geräte, wie das Telefon und kleine Lautsprechersysteme, optimiert. Es dringt selbst durch einen dichten Klangteppich hindurch, wie er etwa in einem Stadion herrscht. Dieses Audiologo ist ein idealer Gedächtnisanker, repräsentiert eine starke Marke und kann in einer Kaufsituation, z.B im Telekom-Geschäft, effektiv als Schlüssel für das Hervorrufen innerer Bilder eingesetzt werden und ist als Assoziationsanker im Brand Song („Hello Hola" von Clan Chi) der Marke eingearbeitet. Im weiteren Prozess werden ebenso Signalklänge entwickelt, die sich von den Pianoklängen des Logos ableiten. Sie weisen festgelegte musikalische Parameter (z.B. Tonart und Tempo) auf und basieren allesamt auf der Geräuschquelle des Klaviers (vgl. Ringe 2005, 66ff; Roth 2005, 103, 127; Strötgen 2010, 116f; Bronner 2004, 67).

5.2 Jingles

Der Jingle ist die Vertonung des Werbeslogans oder Claims, ist am Beginn oder am Schluss eines Werbespots positioniert und fungiert als „Doppelpunkt und Ausrufezeichen in Einem" (Wüsthoff 1999, 24). Er tritt textiert und meist gesungen auf, denn vertonte Worte bleiben länger in Erinnerung als gesprochene (vgl. Bronner 2009a, 85; Tauchnitz 1990, 6). Jingles zeichnen sich genauso wie Audiologos durch eine hohe Flexibilität bezüglich ihrer Instrumentierung aus. Durch sukzessive Variation gemäß festgelegter Parameter der Markenidentität lassen sich potentielle Wear-Out-Effekte vermeiden.

Als musikalische Gestaltungskriterien für den Jingle und seine Eingängigkeit gelten Leiermelodik, Pentatonik, Dreiklangsstrukturen und die Kuckucksterz (vgl. Helms 1981, 48). Es ist anzumerken, dass diese Bestimmungen vor 30 Jahren unternommen wurden. Aufgrund der Weiterentwicklung des Sound Design sind solche einfachen Schemata nicht mehr allgemeingültig. Dennoch basieren heutige Jingle-Kompositionen auf derartigen Gestaltungsmustern, da sie sich als musikpsychologisch bedeutend begründen lassen. Wie man sich an eine Jingle-Komposition annähern kann und wie man den Marken- oder Produktnamen geeignet platziert zeigt Zager (vgl. 2003, 97ff.): Aus den musikalischen Gestaltungskriterien und der aktivierenden Verbindung von Sprache und Musik bzw. Musik und Werbeaussage resultiert eine bessere Memorierbarkeit des sprachlichen Inhalts. Jeder kennt das Phänomen, dass die Erinnerung an die Melodie die Wiedergabe von Liedtexten erleichtern kann. Musik im Jingle unterstützt die Erinnerung an die Botschaft, wenn den Rezipienten keine anderen Gedächtnisstützen, wie relevante verbale Informationen, zur Verfügung stehen.

Ein bekanntes Beispiel für einen Jingle ist der gesungene Werbeslogan „HARIBO macht Kinder froh", der Mitte der dreißiger Jahre in Deutschland kreiert und drei Jahrzehnte später mit dem Zusatz „und Erwachsene ebenso" ergänzt wird. So kennen heute 98 % der Deutschen den Slogan und der Erfolg der Marke *Haribo* äußert sich in zahlreichen Auszeichnungen. 2004 erhielt *Haribo* den Titel als „dynamischste Produktmarke" der GfK (Gesellschaft für Konsumforschung) (vgl. Werbung, Marketing und andere Highlights, 39).

Die Begriffe Jingle und Audiologo werden häufig gleichgesetzt, da die Grenzen zwischen ihnen fließend verlaufen. Der bekannte Haribo-Jingle mit dem gesungenen Text kann als typischer Jingle bezeichnet werden. Da aber Slogan und Musik mittlerweile im Bewusstsein des Konsumenten fest verankert sind, findet heute nur noch die untextierte, d.h. instrumentale Variante Einsatz in der Werbung. Das Weglassen des Sprachanteils ab einem bestimmten Zeitpunkt findet man regelmäßig in der Werbegeschichte. Ist das Logo oder der Jingle erst etabliert, kann auch ohne Textierung die Erinnerung an die Worte bzw. deren Inhalte wachgerufen werden (z.B. „Wenns um Geld geht Sparkasse") (vgl. Rötter 2005b, 331). Allerdings könnte die untextierte Variante die Bezeichnung als Audiologo rechtfertigen. Auch die Länge von ca. vier Sekunden ließe eine Zuordnung zum Audiologo durchaus zu. Dennoch findet man einen entscheidenden Unterschied im Melodiecharakter. Weist ein Audiologo in seiner melodischen Struktur ein zentrales Intervall auf, so kennzeichnet einen Jingle eine vollständige Melodie-Phrase. Daraus kann gefolgert werden, dass ein Jingle nie geräuschhaft gestaltet ist. Auch wenn hier die begleitende Tonfolge der zwei Verse des Haribo Claim eher als Jingle interpretiert wird, erscheint sie später in der Analyse dennoch im Vergleich mit anderen Audiologos, da meist die rein instrumentale Begleitung nur des ersten Verses eingesetzt wird.

5.3 Brand Song

In der Literatur werden oftmals zwei Formen von Brand Songs unterschieden: Die Titel, die über einen langen Zeitraum eingesetzt werden, nennt man Brand Theme („Sail Away" von *Beck's*, „Like Ice in the Sunshine"[44] von *Langnese*[45], „Bacardi Feelin'" von *Bacardi*, „Weekend Feeling" von *Zott*). Brand Songs, die nur in einer Kampagne und vorübergehend in den Werbemaßnahmen erklingen, werden als „Commercial Song" bezeichnet („Believer" von *C&A*) (vgl. Bronner & Hirt 2009, 12f.; Kastner 2008, 68). Beiden ist gemeinsam, dass sie nach der klassischen Liedform komponiert sind.

Der Brand Song fungiert als akustische Unterstützung des übrigen Werbeinhalts. Er wirkt eher im Hintergrund und wird eingesetzt für Radio- und Fernsehspots, in Telefonwarteschleifen oder am Point of Sale, um relevante Markenimage-Attribute akustisch zu generieren und transportieren. Brand Songs erstrecken sich meist über die ganze Spotlänge und unterstützen visuelle und sprachliche Botschaftsinhalte. Aufgrund umfangreicherer ästhetischer Ausdrucks- und Darstellungsmöglichkeiten können beim Brand Song Markenwissensinhalte besser vermittelt werden als beim Audiologo.

Der Song wird entweder speziell für den Werbeeinsatz neu komponiert, neu interpretiert oder adaptiert, oder besteht bereits und wird in diesen neuen Zusammenhang gebracht. Neu komponierte Songs bedeuten die Ersparnis teurer Lizenzgebühren, müssen sich jedoch erst etablieren, in den Köpfen der Menschen festsetzen und mit dem Markenimage aufladen. Verwendet man einen schon veröffentlichten Song, so kann das je nach Bekanntheitsgrad des Komponisten oder Interpreten immense Kosten verursachen. Dennoch wird oft für eine Lizenz ein großer finanzieller Aufwand in Millionenhöhe getätigt, mit dem Ziel, sich das

44 Es besteht eine Fülle an unterschiedlichen Versionen dieses Songs. Neben dem Original von Beagle Music Ltd. sind darunter The BossHoss, No Angles, Anastacia, oder Dj Tomekk. Der Song findet aufgrund des überaus hohen Bekanntheitsgrads auch häufigen Einsatz in Film und Fernsehen.

45 Dem Unternehmen Unilever gehören weltweit Eismarken, deren Marktauftritt mit einem identen Corporate Design erfolgt, doch national unterschiedliche Markennamen aufweist. Langnese ist der deutsche Name. In Österreich, Kroatien und Slowenien heißt das Eis Eskimo, in Frankreich hingegen Miko, usw. Auf diese Weise werden Sprachprobleme umgangen und kulturelle nationale Gegebenheiten beibehalten (vgl. Müller & Gelbrich 2004, 398; u.a. Loveicecream, [http://www.loveicecream.com/fr_fr/ home/default.aspx, Zugriff: 20.11.2010]).

Image und die Persönlichkeitseigenschaften eines Stars, eines Musikers oder einer Band (im Sinne eines Testimonials) auf einer emotionalen Ebene für eine bestimmte Marke zu Nutze zu machen und gleichzeitig eine bestimmte Zielgruppe für die Marke zu gewinnen. Jedoch ist das nur so lange möglich, als auch das Image des Stars das gleiche bleibt. So ist nicht selten der einmalige und zeitlich limitierte Einsatz solcher Songs die logische Konsequenz. Die Problematik ist bei dieser Art der Werbung mit dem Wear-Out-Effekt zu beschreiben. Die Orientierung an aktuelle und kurz- und mittelfristige Musiktrends führt zum Verlust der Werbewirkung und der Einzigartigkeit der Marke.

Aber auch Neukompositionen können hohen Bekanntheitsgrad und sogar Kultstatus erreichen. Der Song „Bacardi Feelin´" wurde 1988 speziell für die Werbung geschrieben. Seit Jahren erklingt die höchst erfolgreiche Adaption „Summer Dreamin´" mit werbefreiem Text im Werbespot für den Spirituosenhersteller und fand sogar Einzug in die Charts (Platz eins der deutschen und österreichischen Single-Charts 1991[46]). Auf diese Weise gelangte der Werbesong in die Köpfe der Masse und verschaffte der Marke einen unschätzbaren Mehrwert. Ebenfalls ein Klassiker ist der Song „Sail Away", interpretiert von Joe Cocker. Seit 1995 verkörpert die Stimme des Sängers die wichtigsten Werte der Marke *Beck´s*: Männlichkeit, Freiheit und Abenteuer. Um Abnutzungserscheinungen vorzubeugen, wurde 2008 ein neues New Metal-Arrangement des Songs eingesetzt.

5.4 Firmenhymnen

Der Einsatz von Firmenhymnen (Corporate Theme) erfolgt in Unternehmen, um sowohl eine Identifikation der Mitarbeiter mit dem Unternehmen bzw. der Marke als auch das Zusammengehörigkeitsgefühl untereinander zu stärken. Bekannte Marken, die eine Existenz einer Firmenhymne vorweisen können, sind *OBI* („Mehr als nur vier Wände" von Udo Jürgens), *Henkel* („We Together") oder der österreichische Hersteller für Traktoren und Landmaschinen *Fendt*. Gebrauch finden diese Songs bei internen Unternehmensveranstaltungen, Klingeltönen

46 Chartplatzierung "Summer Dreamin´":
http://austriancharts.at/showitem.asp?interpret=Kate+Yanai&titel=Bacardi+Feeling%28Summer+Dreamin%27%29&cat=s [Zugriff: 22.09.2010]

auf Firmenhandys oder der Mailbox. Interessanterweise sind die genannten Beispiele eher eine Ausnahme, denn in Europa können kaum Firmenhymnen verzeichnet werden. Weitaus verbreiteter sind diese in Asien. So erreichte ein japanisches Corporate Theme („Nihon Break Kogyo") sogar den Einstieg in die nationalen Charts (vgl. Kilian 2009c, 42).

5.5 Soundscapes

Ein Soundscape ist eine funktionelle Musik, die keine direkte Botschaft beinhaltet, sondern auf die Assoziationskraft und Imagebildung des Konsumenten abzielt. Ein Soundscape fungiert als eine Art „Klangteppich" oder „Klangatmosphäre", auf dem bzw. in der meist weitere akustische Elemente platziert werden. Die Gestaltung ist dezent und rein instrumental bzw. vokal (jedoch ohne sprachlichen Inhalt) und soll dazu beitragen, die Umgebung der Marke (z.B. Warteräume, Eingangshallen, etc.) zu gestalten, ein Wohlbefinden und eine gewisse Stimmung auszulösen.

Ein der Soundscape verwandtes Element ist die Hintergrundmusik, die früher häufig in der Werbung eingesetzt wurde. Kastner (vgl. 2008, 71) schreibt der Hintergrundmusik zusätzlich eine Funktion der Kommunikationssteigerung zwischen Verkäufer und Käufer zu, da möglicherweise die Hemmschwelle der Kontaktaufnahme gesenkt wird. Sowohl Hintergrundmusik als auch Soundscapes werden bewusst eingesetzt, um eine unattraktive Umgebung zu überdecken bzw. die in eine angenehme Geräuschkulisse zu adaptieren (⇒ Maskierung). Einsatzbereiche sind Messen und Ausstellungen, (Großraum-)Büros, Firmengebäude, Verkaufsräume, Telefonwarteschleifen und andere Bereiche, in denen sich ohne enges Zeitkorsett Verkaufsatmosphäre oder eine breite und ausgeglichene Räumlichkeit erzeugen lässt. Gerade an Orten, an denen die Privatsphäre besonders berücksichtigt werden soll (z.B. Arztpraxis, Rezeption, Empfangsräume etc.) werden spezielle Systeme mit Diskretionsbeschallung eingesetzt um Gesprächsanteile an einer bestimmten Stelle zu maskieren.

Wenn kein zeitliches Schema vorgegeben ist, kann die Wiedergabe eines Soundscapes in Form eines Loops erfolgen. Doch auch hier sei angemerkt, dass nur ein wohlüberlegter und dezenter Einsatz vor Aversion des Rezipienten schützt.

Die Kombination aus diversen Klangobjekten und Klangflächen (Klangatmosphäre) wird auch als sogenannter Ambient Sound bezeichnet. Beliebte Gestaltungsmittel dafür sind „Streicher-Flächen" oder „Synthesizer-Flächen" aber auch Alltagsklänge aus der Natur, die von Field Recording-Aufnahmen stammen und eine natürliche Umgebung simulieren.

Am Rande sei hier auf Murray Schafers akustisches Design verwiesen, das er 1970 an der Simon Fraser University arrangiert und damit den Begriff Soundscape definiert. Damit meint er die gesamte Umwelt mit all ihren Geräuschen, die analog zur Landscape zur Ästhetik und Wahrnehmung des Umfelds beiträgt. Durch seine Experimente mit akustischen Phänomenen, meist im sozial- und kulturanthropologischen Kontext, und deren Systematisierung, initiiert Schafer die Notwendigkeit des Berufsbildes des Sound-Designers zur Entwicklung einer Klangökologie zum Schutz vor akustischer Umweltverschmutzung. Schafer will mit seinen Vorstellungen die Aufspaltung des auditiven Umfeldes in Komponenten darstellen. Es gibt nämlich solche, die Bedeutung tragen und solche, die Atmosphäre vermitteln. Raumakustik spielt hier eine tragende Rolle, denn während die einen Klänge den Hintergrund bilden, treten andere Klänge als Figuren in den Vordergrund (⇒ Figur-Grund-Prinzip).

Die Anwendung von Soundscapes als Element des Audio Branding erfolgt meist bei Messen, Ausstellungen, Telefonwarteschleifen, Verkaufsräumen, Websites und Präsentationen.

Eine interessante Zukunftsperspektive hinsichtlich Soundscapes formuliert Haverkamp mit der Möglichkeit der „räumlichen Analogie". Er meint damit die Vereinigung von Landscape und Soundscape. Es sollen visuelle und auditive Signale so räumlich angeordnet sein, dass Schalle aus der Richtung wahrgenommen werden, aus der ein optisches Signal zu sehen ist, obwohl sich die Schallquellen in Wirklichkeit an einem anderen Ort befinden (vgl. Haverkamp 2009, 171). Die technische Realisation erfolgt hier durch Stereo- und Surround-Technik.

5.6 Sound Icon und Sound Symbol

Das Sound-Icon kann als kürzestes Element in der Familie der Brand Sounds bezeichnet werden. Es agiert als ein Sinnbild mit einer realen Bedeutung und kann Teil eines Audiologos oder eines Brand Songs sein.

Ein bekanntes Beispiel für ein Sound-Icon ist der charakteristische „Plopp" von *Flensburger* oder das „Zischen" beim Öffnen einer Flasche *Coca-Cola* (vgl. Bronner 2009a, 88). Neben dem individuellen Geräusch beim Öffnen einer Flasche gilt es auch, die Kau- und Knackgeräusche bei Lebens- und Genussmitteln (Fooddesign) oder das Klangprofil bei elektronischen Geräten (Produktsounds) einer Analyse zu unterziehen und zu designen. Der dafür wichtigste musikalische Parameter ist die Klangfarbe, die eine intuitive Aktion auslösen kann.

Ein äußerst bedeutendes Feld der Produkt- und Geräuschgestaltung ist der Automobilbau (⇒ Haverkamp 2009b). Viele solcher Anwendungen sind eher dem Produktklang zuzuordnen und tragen zwar zur Markenbildung, aber weniger zur Markenkommunikation bei.

Sound-Symbols sind abstrakte Klänge, deren Funktion im Gegensatz zu Sound-Icons gelernt werden muss. Sie finden als Orientierungsklänge oft Einsatz in der interaktiven Anwendung und können so gestaltet sein, dass sie als angenehm oder neutral empfunden werden oder aber einen warnenden Charakter haben. Gerade bei medizinischen Geräten finden Sound-Symbols Absatz, denn hier dienen diese Klänge um zu warnen und zu informieren und weisen auf einen Handlungsbedarf hin. Sie können auch als Funktionsquittierung dienen. So kann der Klang auch bei Haushaltsgeräten (z.B. Herduhr), bestehend aus einem reinen Sinuston, durch unterschiedliche Impulsfolgen eine jeweils andere Bedeutung haben.

5.7 Brand Voice

Auch wenn im Kontext dieses Buches verbale akustische Reize größtenteils ausgeklammert werden, erfolgt an dieser Stelle der Vollständigkeit halber auch eine kurze Zusammenfassung zum Thema der Markenstimme. Der Wechselbeziehung zwischen Brand Voice und Markenimage werden bedeutende Synergieeffekte zugeschrieben. Abhängig von zahlreichen Sprachmerkmalen, Alter und Geschlecht, kann der Klang der Stimme bestimmte Assoziationen und Emotionen wecken. So gelten Männerstimmen eher als rational, Frauenstimmen hingegen als emotional und eine Kombination beider Stimmen wirken wieder anders. Aufgrund der Repräsentation der Marke über die Brand Voice, sollte auch die Persönlichkeit des Sprechers mit dem Markenimage kongruieren und dessen Ausdrucksweise mit dem Modell der Werbung korrespondieren (vgl. Lehmann 2007; 2009, 97ff.), da sie charakteristisch ist für den „Ausdruck authentischer Gefühle, für das erfolgsgewisse Charisma, für den spezifischen persönlichen Charme, für die Überzeugungskraft schlüssiger Argumentation“ (Felderer 2004, 19). So trägt der schwedische Akzent des Sprechers bei der Werbung für *IKEA* bewusst zur Positionierung als schwedische Marke bei. Dies wird als „Country-of-Origin“ bezeichnet. *Audi* wirbt selbst in den USA mit dem deutschsprachigen Claim „Vorsprung durch Technik“ und weist somit auf die deutsche Herkunft hin (vgl. Kilian 2009a). Daraus wird deutlich, dass zur Repräsentation bestimmter Markenwerte auf eine möglichst authentische und konsistent in der Markenkommunikation eingesetzte Stimme zu achten ist.

6. Exkurs: Historische Entwicklung der akustischen Markenführung

mediengeschichtlicher Streifzug unter Berücksichtigung neuer Technologien

Akustische Elemente als Bestandteile der Markenkommunikation sind keine Neuentdeckung. Seit Entstehung breitenwirksamer Kommunikationskanäle und der Massennutzung von Radio und Fernsehen werden Klang, Musik und Stimme für die Markierung eingesetzt. Neu hingegen ist der strategische Einsatz zur gezielten Imagebildung.

Das bewusste Wirtschaften erfordert seit jeher eine gewisse Abgrenzung bzw. ein Hervorstechen. Somit schaffte man auch schon vor Jahrhunderten Geräusche, um eine Corporate Identity zu gestalten. Kirchenglocken und Kirchenorgeln mit ihrem charakteristischen Klang sind Beispiele dafür (vgl. Tauchnitz 2002, 169; Groves 2009, 40). Zudem sind Pauken, Trompeten, Fanfaren und Schlachtgesänge Repräsentanten für religiöse und weltliche Ideologien. Ihre kommunikative Wirkung hat in den unterschiedlichsten Bereichen Verwendung gefunden. Dazu gehörten die Jagd, das Anpreisen auf Märkten und die Kommunikation über weite Entfernungen. Die fanfarenähnliche Gestaltung diverser Kennmelodien, wie wir sie heute kennen, ist also historisch bedeutsam. Wie in vergangener Zeit mittels Fanfaren z.B. der Einzug des Königs signalisiert wurde, so weicht ihr Verwendungszweck in der modernen Zeit kaum davon ab. Die Erregung von Aufmerksamkeit und die Vermittlung eines triumphalen Auftrittes des beworbenen Meinungsgegenstandes sind immer noch Anforderungen dieser aufsteigenden, akzentuierten Klangfolgen. Ebenso beinahe unverändert bleibt die Instrumentierung mit Blechblasinstrumenten. Es ist jedoch darauf hinzuweisen, dass in den vergangenen Jahrzehnten die Zahl fanfarenähnlicher Motive stark abgenommen hat, was an diversen technischen Neu-Entwicklungen festgemacht werden kann.

Um ein anschauliches Bild der Geschichte des Audio-Branding in den wichtigsten Medienkanälen zu entwerfen, können historisch bedeutsame Entwicklungsschritte aufgezeigt werden:

Die erstmalige Nutzung von Musik zu Werbezwecken ist 1905 in Form eines Jingles dokumentiert. Als eine Art Unternehmenshymne gedacht, wird der Jingle („In my merry Oldsmobile“ von Gus Edwards) für die Oldsmobile Motor Company kurz darauf im Radio eingesetzt, was in den 1920er Jahren zu einem kommerziellen Erfolg in Amerika führt (vgl. Steiner 2009, 64; Jackson 2003, 11). In Amerika schießen zu dieser Zeit Sender wie Pilze aus dem Boden, so dass der Einsatz von Werbespots und Jingles zur Abgrenzung von anderen Unternehmen fast unumgänglich ist. Aufgrund der großen Nachfrage nach privaten Rundfunkempfängern, investieren im Jahr 1924 Warner Brothers in einen Rundfunksender für Reklamezwecke (vgl. Schulter 2001, 8). Schon damals erkennt man den medialen Wert von rhythmisch gestalteten Versen und Melodien und deren Eingängigkeit, so dass sich bald mit dem „Jingle Komponisten" ein neues Berufsfeld anbahnt (vgl. Jackson 2003, 11). Ebenfalls in den 1920er Jahren werden Werbeschaltungen – wie heute undenkbar - live präsentiert. In einem Dialog von Radiosprecher und Orchester wird mit musikalischer Umrahmung und Untermalung die Werbebotschaft (oft in Versform) vorgetragen. Solche Orchester und Bands werden natürlich jeweils von den Werbetreibenden gesponsert und tragen Namen, wie „Royal Typewriter Salon Orchester", „Cliquot Club Eskimos", „Vick´s Vap-O-rub Quartet", oder „General Electric Orchestra" (vgl. Jackson 2003, 12; Taylor 2003, 7f.). Sie gestalten neben den exklusiven Werbeprogrammen auch ca. einstündige Konzerte, in denen bekannte Stücke der Klassik wie auch der populären Klassik aufgeführt werden (vgl. Taylor 2003, 12).

In Deutschland nimmt 1923 der Rundfunk seinen Sendebetrieb auf, wobei die Werbung noch aus vom Moderator verlesenen Anzeigen besteht, da die Spots zunächst in Musiksendungen eingebettet sind und eine Überleitung schaffen sollen (vgl. Reinhardt 1993, 360; de la Motte 1994, 246). Auch hier entdecken die Werbetreibenden bald das Potential von Musik und rhythmischem Sprechen als festen Bestandteil der Werbung. Eingängige Melodien und Signale fungieren als „akustische Markenzeichen". Bekannte, durch rhythmische Sprachmelodie gestaltete Markennamen sind z.B. *Meister Proper*, *Milupa*, *Schneekoppe* oder *Rei in der Tube.* Aus diesen gesungenen Kennmelodien geht das heute viel reduziertere aber oft sehr komplexe Audiologo hervor.

Der erste Jingle, also ein gesungener Slogan, wird am 24.12.1928 gesendet (vgl. Tauchnitz 2001, 85). Mit den gesungenen Worten „Have you ever tried wheaties?" wird von einem kleinen amerikanischen Radiosender eine neue Ära eingeläutet. Das Media History Project der Universität von Minnesota konstatiert in seiner Technikgeschichte den ersten Einsatz eines Jingles für die Marke der Frühstücksflocken *Wheaties* schon für das Jahr 1928 (vgl. Media History Project[47]). Strötgen weist jedoch darauf hin, dass es zu den Angaben des ersten Jingles keine verlässliche Quelle zu geben scheint (vgl. 2010, 106).

De la Motte nennt als eines der ersten Audiologos das Coca Cola-Signal. Der Slogan „Mach mal Pause" (4-silbig) wird angekündigt durch ein Pausenzeichen – eine aufsteigende Quart (Co-ca co-la, 4-silbig). Daraus entwickelte der zuständige Komponist nach einiger Zeit eine Kennmelodie, basierend auf dem kurzen Signal der aufsteigenden Quart. Obwohl der Produktname hier nicht mehr genannt wird, versucht die Melodie durch die ständigen Quart-Signale Assoziationen zum Produkt zu bewirken (vgl. de la Motte 1996, 246). Das sind die Anfänge einer professionellen Herangehensweise im Sounddesign des Rundfunks. Ab 1928 erfreut sich dann durch die technische Revolution auch der Werbefilm wachsender Beliebtheit. Vorerst nur auf der Kinoleinwand zu betrachten, entwickeln sich aus dem Werbefilm allmählich die werbemusikalischen Elemente, die auch in der heutigen Werbung zum Einsatz kommen (vgl. Reinhardt 1993, 346). Diese Zeit kann als ein wichtiger Punkt in der Technikgeschichte gesehen werden. Anfang der 1930er Jahre tritt nämlich eine Entwicklung ein, der auch in der Gegenwart noch große Bedeutung beigemessen wird:

George Owen Squier gründet 1934 in den USA das Unternehmen Muzak[48]. Mit der Produktion von funktioneller Musik wird Muzak zum Marktführer für Hintergrundmusik. Ausgehend von der von Squier 1922 patentierten Methode über Telegraphenleitungen Musik zu verbreiten, gründet er als Muzak-Vorläufer das Unternehmen Wired Music (vgl. Haverkamp 2009, 171; Jackson 2003, 13). Mit der neuen Übertragungstechnik ist es nun möglich, Gebäude und Büros von einer Zentrale aus mit einer leicht zu rezipierenden Musikauswahl[49] zu versorgen. Zunächst wird populäre Musik so umarrangiert, dass auf den Gesang verzichtet werden kann. Diese Hintergrundmusik wird für die Steigerung der Arbeitsproduktivität sowie z.B. für die Fahrstuhlbeschallung eingesetzt (vgl.

47 University of Minnesota: Media History Project: http://www.mediahistory.umn.edu/timeline/1920-1929.html [Zugriff: 23.11.2010]

48 Die musikalische Struktur weist einfache Gestalten auf: kurze und prägnante Motive, häufige Motivwiederholungen, einfacher Harmonieverlauf, komplikationslose Rhythmik, symmetrische Periodenbildung, Tempo von ca. 70bpm, vornehmlich Verschmelzungsklänge, Einsatz von Hall, Begrenzung der Übertragungsfrequenzen auf 40-8000 Hz (vgl. Rösing 2002c, 119f.).

49 Muzak ist eine Komposition aus den Wörtern Music und Kodak.

Jackson 2003, 13; Rötter 2005b, 319). Im letzteren Beispiel dient die Musik zur Auflockerung, weil Stille oft als unangenehm und leicht bedrückend wahrgenommen wird. Ein weiterer Zweck der Hintergrundmusik ist die Überlagerung störender Nebengeräusche. Später ist das Unternehmen auch in anderen Ländern vertreten, darunter ab 1954 in Deutschland. Heute wird die funktionelle Musik über Satellit mit Anpassung an die Tageszeit angeboten oder als CDs verkauft (vgl. Rötter 2005b, 319).

Im Allgemeinen zielt die von Muzak produzierte funktionelle Musik auf die verkaufsfördernde Wirkung ab und dient als „atmosphärische[s] Aufputschmittel" (Bronner 2009). Aus einer großen Auswahl an verschiedenen Musiktiteln (in den USA ca. 1,5 Millionen) werden bei Muzak unterschiedliche Programme (z.B. „Instrumental", „Klassik", „Easy Listening", „Pop-Dance") für den jeweiligen Einsatzort und die Bedarfssituation zusammengestellt und verkauft. So erreicht das eher konservative Programm „Klassik" älteres Publikum, den Bereich teurer Clubs, Sterne-Hotels, hochwertiger Boutiquen und alteingesessener Juweliere. Programme mit schnelleren Stücken bieten hingegen die passende Atmosphäre in Fitness- und Sportstudios (vgl. Tiemann, in: Fuss 2005; Rötter 2005b, 319).

Die Beobachtung der Rezeptions- und Perzeptionssituation von Muzak im Sinne funktioneller Musik lässt annehmen, dass sich hier die Figur-Grund-Beziehung, die bei der konventionellen Musik- und Melodiewahrnehmung stark beeinflusst, umkehrt. Denn die Musik ist nun (Hinter)Grund und wird nur passiv wahrgenommen. Auf diese Weise wird – um mit den Worten Walter Benjamins zu sprechen - die Musik „durch die beliebige Reproduzierbarkeit zum reinen Gebrauchsgegenstand, zur selbstverständlichen und alltäglichen Massenware" (Benjamin 1963 zit. n. Rösing 1984, 278), die „keinerlei mimetische (sondern nur funktionelle) Bezüge" (Heister 1997, 277) aufweist und auch deshalb unreflektiert wahrgenommen werden sollte.

In den 1940er Jahren tritt der erste reproduzierbare Radiojingle „Pepsi cola Hits the Spot" in den Äther – und das mit hervorstechendem Erfolg. Als gepresste Single mit einer Auflage von einer Million Stück, wird der Jingle erfolgreich in den Amerikanischen Jukeboxen platziert. Noch berühmter wird wenig später der Jingle für *Chiquita Bananas*, der an die 400-mal an einem Tag in einem Radiosender zu hören ist (vgl. Jackson 2003, 13). Von Großbritannien ausgehend etablieren sich in den 1950er Jahren Werbejingles in ganz Europa. De la Motte kennzeichnet diesen

Zeitabschnitt als den Zenit in der Entwicklung der Hörfunkwerbung (vgl. 1996, 245).

Im Jahr 1956 wird der erste Fernsehwerbespot für Persil im Bayerischen Rundfunk ausgestrahlt. Zu dieser Zeit können die Werbespots bzw. Werbefilme im Kino mehrere Minuten dauern, heute weist ein Fernsehwerbespot eine durchschnittliche Dauer von ca. zwanzig Sekunden auf (vgl. Strötgen, 2010, 112).

Auch in den 1950er Jahren wurde eine weitere sehr bekannte Kennmelodie eingeführt: Die deutschen Tagesschau[50]. Sie wird seit dem Jahr 1952 eingesetzt und wird aktuell als die achte Version gesendet. In der ersten Version erfolgt die Instrumentierung lediglich mit Orgel. In regelmäßigen Abständen werden neue Versionen komponiert bzw. arrangiert. Auffallend bei deren Entwicklung sind einerseits die Steigerung des Tempos und andererseits die bis heute bestehende orchestrale Gestaltung. Diese Gemeinsamkeit ist nach Helms (vgl. 1981, 43) nicht zufällig und er schreibt der Kennmelodie folgende typische Gestaltungsmerkmale zu: fanfarenähnlich, gebrochene Dreiklänge, aufsteigende Tonfolge, Akzentuierung des letzten Tones durch Betonung und Verlängerung sowie Trompetenbesetzung. Bei der Version von 1984 kann der Einsatz des Synthesizers beobachtet werden, was an die Präsenz des Synthesizers in der Popmusik der 1980er Jahre erinnern lässt.

Ab den 1960er Jahren zeichnet sich in der Werbung der Trend zum Einsatz ganzer schon bestehender Songs ab, wodurch die Plattenfirmen der betreffenden Künstler profitieren. In dieser Zeit ist die Entstehung und Weiterentwicklung der Werbesongs und Commercial Songs zu lokalisieren und damit einhergehend der strategische Einsatz des Künstlerimage für die Steigerung des Markenimage (z.B. „Start me up" von The Rolling Stones → *Microsoft*; „Blue Suede Shoes" von Elvis Presley → *Apple´s Mac*; „Revolution" von The Beatles → *Nike*) (Jackson 2003, 14). Über den Musikanteil in den Medien der 1970er Jahre ist bekannt, dass ca. 65% der TV- und 70 % der Rundfunkwerbespots Musik enthalten (vgl. Meissner 1974, 305 in: Kafitz 1977, 2). Rund zehn Jahre später, so besagt eine andere Quelle, wächst der musikalisch gestaltete Anteil der Hörfunkwerbung im SFB 1 (Sender Freies Berlin, heute bekannt unter dem Namen Rundfunk Berlin-Brandenburg 'rbb') auf 80 % (vgl. Tauchnitz 1990, 4). Es ist zu vermuten, dass dieser Prozentsatz in den Folge-

50 Die einprägsame Fanfare stammt aus der Hammond Fantasie vom Komponisten Hans Friedrich August Carste und wurde von Rudolf Kühn für Orchester bearbeitet.

jahren nur noch allmählich zugenommen hat, da nicht selten mit dem Stilmittel der Stille und bloßer Sprache gearbeitet wird. Aktuelle Zahlen liegen aber nicht vor.

Im Hinblick auf das allgemeine Bewerben von Marken zeigt Sommer (vgl. 1998, 3) vier wichtige Entwicklungsschritte auf: Zu Beginn ist das Branding, also die Markierung ein Erkennungszeichen für den Hersteller. Durch die steigende Bekanntheit der Markierungen bei den Konsumenten stellt die Marke einen Garant für Qualität und Leistung dar und beeinflusst die persönliche Differenzierung. Als dritter Schritt ist die Marke als Prestigeobjekt bzw. als Zeichen zu nennen, mithilfe dessen sich die Marke nach außen hin präsentiert. Zuletzt wird die Marke, die identitätsstiftend wirkt, Teil unserer Alltagskultur. An diesem Abriss ist zu erkennen, wie viel komplexer und anspruchsvoller die Kommunikation einer Marke in der heutigen Zeit im Vergleich zu den Anfängen ist.

Ein an Sommers Entwicklungsschritte anknüpfender Aspekt betrifft den emotionalen und informativen Gehalt der Werbung. Werden Produkte anfangs noch auf eine sprachlich argumentative Weise beworben, zeichnet sich bald die Tendenz zur wirksameren emotionalen Werbung ab. Seit den 1970er Jahren fällt der Anteil informativer Werbung innerhalb von 20 Jahren auf unter 50 % (vgl. Tauchnitz, 1990, 67). Dementsprechend entwickeln sich seit Mitte der 1970er Jahre die ersten Ansätze einer systematischen und empirisch fundierten Beschäftigung mit Musik in der Werbung (vgl. Tauchnitz 1990, 15). Eine der ersten kompletten Sound Identities, wie sie heute die Regel sind, stammt vom Jahr 1987. Das strukturierte und ganzheitliche Konzept für die Marke *DEA* umfasst neben einem Audiologo einen Brand Song, ein Sound Icon, Soundscapes und eine Telefonwarteschleife (vgl. Groves 2009, 41).

Es ist unübersehbar, dass sich für Musik in der Werbung ein eigener weitläufiger Wirtschaftszweig entwickelt hat. Auch wenn dieser Wirtschaftszweig heute von größter Bedeutung ist, so kann auch kritisiert werden *wie* diese Entwicklungen vonstattengingen. Diedrichsen bringt einen interessanten Einwand, indem er auf die Vormachtstellung des visuellen Designs abzielt. Er meint, dass durch die zunehmende Televisualität in den 1950er und 60er Jahren die Bedeutung von „Soundzeichen" für die Werbung nur peripher ist. Da schon vorher das visuelle Design viel differenzierter gestaltet ist, kann es aufgrund der Übermacht „bald sehr viel schneller, genauer und virtuoser" (Diederichsen 2008, 111) sein als die akustisch unterentwickelten und vereinfachten Logos (im Sinne musikalischer Codes).

All die akustischen Maßnahmen blieben weiter minder beachtet und könnten gar nicht umgesetzt werden, gebe es Anfang des 20. Jahrhunderts nicht federführende Entwicklungen in der elektro-akustischen Aufnahmetechnik. Die wichtigsten Innovationen der modernen Musikproduktion scheinen die Stereophonie, die Tonbandtechnologie und das damit verbundene Mehrspurverfahren, sowie die Technik der Montage zu sein. Heute wird die akustische Gestaltung von jenen Geräuschen und Klängen dominiert, die synthetisch erzeugt werden und entweder klassische Instrumente nachahmen oder ganz neue Klänge darbieten. Mittels Harddisk-Recording und riesigen Geräusch- und Effektarchiven werden die Arbeitsschritte von der Komposition bis zur Produktion rapide verkürzt. Diese Verfahrensweise kann zu einem sehr komplexen Aufbau verleiten, der nicht immer so durchsichtig ist, wie es vor Jahrzehnten die Trompetensignale sind. Aber auch wenn der strukturelle Aufbau sehr aufwendig und komplex ist, so kann der Eindruck stets ein sehr simpler sein. Ein Beispiel bietet *Intel.* Das Audiologo gleicht einer Arbeit aus der Filmmusik, denn es besteht aus zwanzig verschiedenen Sounds und damit Spuren. Im ersten „Hit" der Sequenz sind Sounds wie Tamburin, Amboss, ein elektrischer Funke und ein mit einem Hammer angeschlagenes Rohr, verarbeitet. Die darauffolgenden vier Töne sind umgesetzt u.a. mit Marimba, Xylophon und Glocken (vgl. Jackson 2003, 128).

Spätestens an diesem Punkt kann zugestanden werden, dass Klänge und Musik ein großes Potential für die subjektive Eindrucksbildung darstellen und damit auch wirtschaftlich attraktiv sind. Um risikoarme Brand Sounds zu entwickeln, die auch in Zukunft Bestand haben, bedarf es der Orientierung an einem überschaubaren Modell. Dieses hat die Hauptfunktion einer Zusammenführung von Klang und Marke und wird im nun folgenden Kapitel besprochen.

7. Strategische Entwicklung eines Corporate Sound

> „*Primarily, the aim of the business is to build a consistent approach to sound that enhances the ability of each individual touchpoint to convey its part of the brand's distinct belief and values*" (Jackson 2003, 97).

Diese Aussage impliziert den kreativen Prozess der Definition und Komposition des Markenkerns und der anschließenden Transformation in akustisches Material sowie der Projektion und Implementierung in die Anwendungen. Durch eine ganzheitliche Gestaltung soll der Rezipient über jeden Touchpoint mit wertvollen Informationen zur Marke versorgt werden. Diese Klangidentität stellt sich als eine Art Gesamtkunstwerk dar.

Die resultierende Wirkung des Corporate Sound ist unbestritten. Dennoch erkennen dieses Faktum nur wenige Corporate-Design-Agenturen und nutzen ihre Chance, den Unternehmen einen passenden Markenklang zu verleihen. Große Unternehmen mit unterschiedlichen und weitreichenden Kommunikationskanälen (z.B. Telekom, Lufthansa, Siemens) schätzen dieses Vorgehen und deswegen belaufen sich die Kosten solcher Konzepte fallweise auf einen sechsstelligen Betrag. Wer aber glaubt, für die Realisierung eines Audio Branding bedarf es großer Agenturen, irrt. Eine jüngste Studie liefert das Ergebnis, dass Audio-Branding hauptsächlich von kleinen und spezialisierten Unternehmen betrieben wird, hingegen große Unternehmen mit über 100 Mitarbeitern lediglich 3% ausmachen (vgl. Audio Branding Academy 2010, 8). Roth (vgl. 2005, 4) verweist auf die Kosten für ein Audiologo inklusive Nutzungsrecht, die zwischen 12000 und 30000 Euro betragen können. Das lässt den Zeit- und Arbeitsaufwand erahnen, der dazu nötig ist, die gesamte Markenführungsstrategie in nur wenige Töne zusammenzufassen. Bei den Kosten ist wichtig, die Einsatzhäufigkeit, Anzahl der Touchpoints und Art und Qualität der Audio-Branding Elemente zu berücksichtigen. Gemäß diesen Zahlen können dann die Abgaben an den Urheber bzw. die Lizenz berechnet werden. Wie integrative Strategien im Detail aussehen können, wird nun im folgenden Workflow skizziert und erklärt.

7.1 Strategie

Eine exemplarische Strategie ist hier angeführt. Es werden zur strategischen Entwicklung einer akustischen Markenidentität neun sogenannte Tools verwendet, um die drei Hauptarbeitsschritte Vorbereitung, Durchführung und Implementierung systematisch umzusetzen.

Abbildung 13: Tools zur strategischen Entwicklung einer akustischen Markenidentität

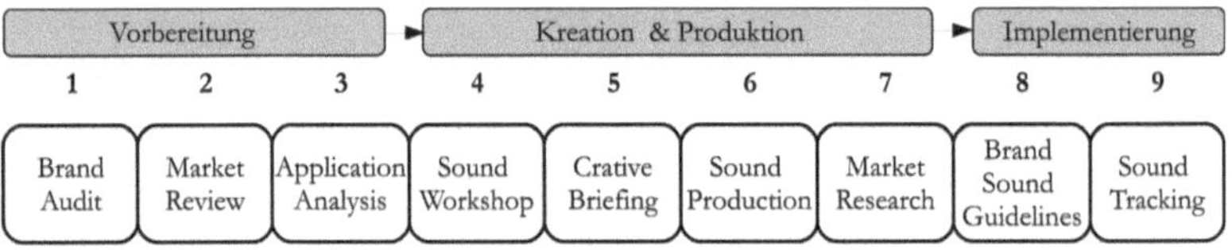

Quelle: eigene Darstellung in Anlehnung an Groves 2008; 2011.

Die Vorbereitung (Konzeption) kann auch als Positionierung bezeichnet werden, die Durchführung beinhaltet die Kreation und Produktion der Klangideen und gilt als der technisch-kreative Vorgang. Die Implementierung tituliert die Sicherstellung der richtigen Rahmenbedingungen für den Einsatz. Für den Aufwand bei Konzeption und Produktion der Übersetzung der Markenwerte in eine Klanggestalt ist ein Verhältnis von 80:20 anzunehmen (vgl. Kastner 2008, 139). Je nach Art des Projekts werden unterschiedliche Methoden zur Ideenfindung und Problemlösung angewendet.

Brand Audit

Am Projektbeginn steht die Aufgabe, das Unternehmen und dessen Strukturen und Werte zu verstehen und zu analysieren. Dabei wird bereits vorhandene Musiknutzung überprüft, gegebenenfalls angepasst und hinsichtlich ihrer Zielgruppentauglichkeit beurteilt. Fremdbild und Selbstbild des Unternehmens sollten kongruent sein. Deshalb werden Markenattribute – soweit vorhanden – ebenfalls auf ihre Umsetzbarkeit überprüft. Liegen keine Daten über konkrete Markenattribute vor, werden sie unter Zuhilfenahme sogenannter Moodboards entwickelt. Es wird also nach musikalischen Entsprechungen der zu vermittelnden Markenwerte gesucht. Hier spielen musikalische Klischees eine wichtige Rolle, aber es besteht auch die Anforderung an den Designer, nicht so leicht (akustisch) fassbare Werte wie z.B. Innovation, Globalität, etc. durch kreative Neuschöpfung zu entwickeln. In Bezug auf die Markenwerte äußert Richard Martin, Fred Perry-Marketingchef, die Forderung, ein gewisses Maß an alten und etablierten Werten miteinzubeziehen, woraus eine stabile Plattform zu bauen ist. Im Falle des Modelabels ist das Sport und Musik (vgl. Albers 2010, 94). Solche groben Richtlinien bilden eine Checkliste, anhand derer Werte geprüft werden können.

Market Review

Um durch den akustischen Markenauftritt eine Differenzierung und Einzigartigkeit am Markt sicher zu stellen, besteht die Notwendigkeit, direkte und indirekte Wettbewerber zu beobachten, zu analysieren und dadurch mögliche Nischen zu entdecken, die dem eigenen Unternehmen einen Vorteil für die Positionierung bieten können. Es ist dabei wichtig zu beachten, ob die zu produzierende Sound ID national oder aber international eingesetzt werden soll. Der Sinn demographischer und psychographischer Marktforschungen liegt u.a. darin, der ausführenden Agentur bzw. dem Komponisten einen Weg für den kreativen Prozess abzustecken (vgl. Zager 2003, 2f.).

Sound Workshop

Hier erfolgt ein Dialog zwischen Unternehmen und Designer, um bisherige Ergebnisse vorzustellen, zu diskutieren und klare Ziele zu fixieren. Darunter fallen die Definition von Stil, Instrumentierung, Form und Anzahl der Branding Elemente, sowie deren späterer Gebrauch.

Creative Briefing

Sind alle wichtigen und relevanten Erkenntnisse, Absichten und Anforderungen festgelegt und der Corporate Sound definiert, wird alles als schriftliches Creative Briefing zusammengefasst und steht internen sowie externen Designern als Richtlinie zur Verfügung.

Sound Production

Anhand des Creative Briefing werden nun die Brand Sounds komponiert und im Tonstudio produziert. In der Implementierungsphase muss das Ergebnis der Sound Production analysiert und gegebenenfalls kleine Änderungen im Creative Briefing oder eine technische Feinjustierung vorgenommen werden.

Market Research

Mit der Methode der Marktforschung wird beispielsweise erhoben, ob etwa die Zielgruppe die Brand Sounds richtig decodiert. Werden sie nicht richtig verstanden, bleibt die gewollte Kommunikation (emotional und kognitiv) aus. Funktioniert die akustische Kommunikation, so erfolgt die technische Implementierung der fertigen Brand Sounds in die festgelegten Wiedergabeschnittstellen.

Brand Sound Guidelines

Die Brand Sound Guidelines dienen dem Arrangement der Nutzungsregeln für den stringenten Einsatz der Brand Sounds. Diese Richtlinien werden abschließend in der Projektdokumentation als eine Art Benutzerhandbuch zusammengefasst. Diese Richtlinien können zudem im Falle eines Rechtsstreits von Nutzen sein.

Sound Tracking

Dieser letzte Schritt bezeichnet die Beobachtung der in der Markenkommunikation eingesetzten Brand Sounds, um die korrekte und langfristige Nutzung sicherzustellen. Ist das aufgrund gewisser Umstände nicht gegeben, müssen die Richtlinien im Benutzerhandbuch eventuell angepasst werden.

Zu den genannten Schritten sei angemerkt, dass diese nicht allgemeingültig sind. Sie basieren auf diversen Ratschlägen, werden als ein exemplarischer Vorgang angesehen und schließen eine Modifikation der **Arbeitsschritte** nicht aus.

Das Beispiel *SIEMENS*

Der Weg vom Briefing hin zu konkreten Klängen präsentiert Siemens in Form eines Baukastenprinzips – der „Siemens Soundbox“ (siehe Anhang). Analog einer hierarchischen Anordnung der wichtigsten Markenwerte wird auch ein Angebot an Klanggestalten (Grounds, Figures, Acoustic Signature) produziert. Diese speziellen Siemensklänge werden Markenverantwortlichen weltweit zugänglich gemacht und ermöglichen, aus diesem Angebot individuelle und gleichzeitig markentypische Sounds zu generieren (vgl. MetaDesign 2005). Darüber hinaus können auf diese Weise die Brand-Voices, akustischen Figuren, Signaturen, etc. aus dem Baukasten gemäß den technischen Anforderungen relevanter Touchpoints gezielt komponiert werden. Ob diese Möglichkeiten aber auch in der Praxis ausgeschöpft werden, sei dahingestellt.

7.2 Technische Richtlinien

Aus dem bisherigen Erkenntnisgewinn lassen sich bestimmte technische Richtlinien folgern. Da das menschlichen Wahrnehmungssystem nicht in der Lage ist, eine Vielzahl von Signalen gleichzeitig mit gleicher Aufmerksamkeit zu verfolgen und kognitiv auszuwerten, gilt das Ziel in den Brand Sounds eine strikte Auswahl und Hierarchisierung von Signalen zu treffen (vgl. Haverkamp 2009, 168). Die Fähigkeit zum räumlichen Hören trägt zur Hervorhebung von Figuren bei. Hintergrundgeräusche sollten daher mit breiterer Räumlichkeit versehen werden, während wichtige Signale eine definierte Richtung in schmalbandigen Frequenzgruppen aufzuweisen haben. Ein Signal, das die Aufmerksamkeit erregt, ist daher typisch schmalbandig und zeigt eine spezifische Charakteristik der Klangfarbe. Außerdem sollte es in der Lautheit angehoben sein und optional durch unerwartetes Einsetzen die Aufmerksamkeit auf sich ziehen (vgl. ebd.; Maempel/Weinzierl/Kaminski 2009, 780). Eine Aktivierung des Rezipienten wird ebenfalls durch den Einsatz von Effekten und unerwarteten Klängen, aber auch durch schnelle Wechsel der Klangeigenschaften erreicht. Vermutlich erzielt jedoch der Einsatz von Lautheitsteigerung nicht mehr in dem Maß einen aktivierenden Effekt wie noch vor zehn Jahren. Energetische Merkmale sind aufgrund der ansteigenden Reizüberflutung gewohnheitsmäßig ausgereizt. Damit ist gemeint, dass man heute meist bewusster mit dieser Situation umgeht und auch zu einem gewissen Grad ausblenden kann.

7.3 Probleme und Schwierigkeiten

Das Konzept der akustischen Markenführung fordert einen strategischen und finanziellen Aufwand. Als Laie besteht kaum eine Chance, das komplexe Feld zu überschauen. Handelt es sich beim Laien um den (Marketing-)Chef einer Firma, so treffen beim ersten Workshop die zwei Fronten (Auftraggebern vs. Audio Branding Agentur) aufeinander und es kann vorkommen, dass sich der Chef „bei der Musikauswahl für die Telefonwarteschleife von der eigenen Leidenschaft für die Rolling Stones leiten" (Bonstein 2006) lässt. Zwischen dem Designer und dem Kunden kann so ein Spannungsfeld entstehen, das es zu vermeiden gilt. Passend dazu scheint ein Statement von Groves in einem Interview: „Der Wurm muss dem Fisch schmecken, nicht dem Angler" (Groves in: Serong 2008, 32). Das Spannungsfeld fußt u.a. auch auf Sprach- und Denkbarrieren von Musikindustrie und Markenexperten. Sound Designer können aus einer undifferenzierten Betrachtungsweise von Klängen seitens der Markenentwickler nur wenig Nutzen ziehen. Folglich ist es auch für den Komponisten bzw. Designer wichtig zu verstehen, wie Marketingprozesse funktionieren und wie die interne Arbeitsweise der Agenturen von statten geht, da er ja innerhalb dieser Strukturen arbeitet. In der Werbepraxis erfolgt aber bisher der Einsatz von Musik nur in seltenen Fällen anhand ganzheitlicher Strategien. Auch auf die Meinung von Marktforschern wird wegen zu komplexer Ergebnisse und zu hoher Kosten oft verzichtet. Stattdessen ist die Musikauswahl das Resultat von „geschmäcklerischen Bauchentscheidungen" (Krugmann 2007, 69), denn auch viele Agenturen entscheiden nach persönlichem Musikgeschmack und nicht nach dem Geschmack der Zielgruppe, was aufgehen kann aber nicht muss. Daraus resultiert nicht selten ein Vorbeikomponieren. Komponisten bekommen zudem auch nicht selten die Anweisung, bestimmte schon bestehende Beispiele für ihre Arbeit heranzuziehen. Das kann ein Beispiel aus der Werbung, eine Filmmusik oder eine andere Quelle sein. Das spart für den Kunden Kosten und Zeit ist aber für die Nachhaltigkeit der Marke schlicht kontraproduktiv.

Diese sehr enge Sichtweise führt leicht zur Komposition von sogenannten Sound-Alikes, also Kopien, die dennoch soweit vom Original entfernt sind, dass sie kein Plagiat darstellen. Der negative Nebeneffekt dabei: Bei Verwendung von bekannter Musik oder stilistischen Anleihen können individuelle Erinnerungen beim Rezipienten aktiviert werden, die die Intensität der eigentlich definierten Botschaftsverarbeitung herabsetzen. Deswegen ist es generell anzuraten, keine allzu bekannte Musik einzusetzen.

Eine Lösung dieses Problems bietet das Arbeiten mit Moodboards, d.h. Listen mit Ideen, auf welchen man alles festhält, was die zu erzeugende Stimmung wiedergibt. Das sind Werte, Gefühle und sonstige Einfälle. Musikalisch hilfreich ist z.B. die Anfertigung einer Liste mit fünf bis zehn Musikstücken, oder Samples daraus, aus einem großen Pool der Sparten E- und U-Musik, Filmmusik, Themenmelodien von Fernsehserien, etc., die sich durch einen ganz bestimmten Charakter auszeichnen, der nach individuellem Geschmack der Identität der Marke gerecht wird. Aus diesem Pool lassen sich nun leichter kreative Ideen filtern, als aus einer einzigen Idee und es besteht kaum Gefahr eines Plagiats.

Die genannten negativen Auswirkungen basierend auf der stiefmütterlichen Behandlung des Auditiven in der Markenführung geschehen allerdings nicht absichtlich. Sie resultieren aus der geringen Wertschätzung des auditiven Sinns gegenüber dem Visuellen. So fließen die strategisch visuellen Maßnahmen selbstverständlich in die Markenführung ein, während die auditiven vorerst unberücksichtigt bleiben. Erfolgt dann der Einsatz auditiver Anwendungen erst danach, so kann es passieren, dass das komplexe audiovisuelle Gefüge unstimmig wird und das Briefing überarbeitet werden muss. Nur selten erfolgt von Beginn an ein audiovisuelles bzw. multisensuelles Design. Ein weiteres Problem stellt die Arbeitsteilung innerhalb verschiedener Agenturen dar. Erfolgt nämlich die Entwicklung von Name, Logo und akustischem Logo in verschiedenen Agenturen, besteht die Gefahr von Schwachstellen im ganzheitlichen Design.

Es scheint logisch, dass eine multisensuelle und stimmige Inszenierung einer Marke ein nicht zu unterschätzendes Potential zur Steigerung der Effizienz und Nachhaltigkeit in sich birgt und darum stetiger Kommunikation bedarf. Umso verwunderlicher ist es, dass das Bewusstsein für Multisensualität immer noch kaum vorhanden ist, und ein multisensuelles Design noch kaum angeboten wird. Vielleicht liegt das Problem zugrunde, dass für eine moderne Strategie multisensueller Kommunikation die Wissenschaft zweifellos miteinzubeziehen ist, was natürlich mit wachsenden Kosten verbunden ist. Aktuelle Erkenntnisse aus Werbepsychologie und Neurologie dienen als Medium, in dem empirische Werte und das „Bauchgefühl" interagieren können. Die Wissenschaft muss also unbedingt miteinbezogen werden, denn das kann einen klaren Vorteil im Wettbewerb bieten und innovative Ansätze fördern.

8. Messverfahren zur Evaluation von Audiologos

Analysen zur Wirkung von Audiologos sind relativ komplex und kaum vorhanden. Es gibt dabei unterschiedliche Verfahren zur Messung. Ein häufig verwendetes Verfahren misst die Gedächtnisqualität. Zur Veranschaulichung werden hier Studien herausgegriffen und deren Nutzen und Ziele diskutiert. Die Qualität dieser Studien soll hier nicht im Vordergrund stehen. Viel interessanter scheinen die verschieden Ansätze und deren Schwierigkeiten zu sein, die für zukünftige Analysen Anreiz geben.

RMS

Das erste Beispiel umfasst eine Studienreihe von 17 Einzelstudien des Radio Markt Service (RMS) Deutschland aus den Jahren 2002 bis 2009.[51] Die Fragestellung lautet, ob neben einem eindeutig identifizierbaren visuellen auch ein eindeutig identifizierbares akustisches Markenlogo im Bewusstsein des potentiellen Konsumenten existiert? Nach eigenen Angaben kam das RMS zu dem Ergebnis, „Soundlogos funktionieren!". Die Auswertung der Prozentangaben liefert das Ergebnis, dass Audiologos meist unbewusst wahrgenommen werden und deshalb relativ oft der direkte Bezug zur Marke fehlt. Das zeigen die relativ hohen Werte der Erinnerung an die klang- oder geräuschhafte Gestalt, gegenüber der Zuordenbarkeit der Audiologos zur richtigen Branche. Den Audiologos von *Baumarkt, Rotkäppchen Sekt, Intel, ADAC, Warsteiner* oder *Tchibo* konnte zwar ein gewisser Bekanntheitsgrad zugeschrieben werden, die Assoziation zur richtigen Marke war in diesem Fall aber äußerst gering.

Diese Studienreihe zeigt jedoch einige Schwächen. Die Audiologos treten sowohl textiert als auch untextiert auf. Da in der textierten Version meist der Markenname genannt wird, können diese nicht mit untextierten Audiologos ohne Markennennung verglichen werden. Besonders bei Gedächtnisexperimenten ist es wichtig, verbale und nonverbale

51 In den Einzelstudien werden jeweils sechs Audiologos auf ungestützte Erinnerbarkeit, Zuordenbarkeit und Gefallen hin untersucht. Anhand computergestützter Telefoninterviews werden 1000 deutschsprachige Personen ab 14 Jahren in deutschen Privathaushalten befragt.

Repräsentationen zu differenzieren, da unterschiedliche Informationsverarbeitungsprozesse stattfinden können (vgl. Engelkamp 1991, 15ff.). Es geht aus der Studie auch nicht hervor, in welcher Zeitspanne und seit welchem Zeitpunkt die Logos eingesetzt sowie über welche Medienkanäle sie verbreitet werden und in welcher Häufigkeit. So weisen die Versuchspersonen aufgrund der Kontakthäufigkeit mit dem Audiologo jeweils einen anderen Kenntnisstand auf, was ebenfalls auf das Gefallen, besonders auf emotionaler Ebene, Auswirkung hat. Eine weitere Schwäche tritt bei der Befragung per Telefon auf. Das Telefon ist nämlich ein Medium, das nicht als geeignet für ein Audiologo gilt und meist nicht im Stande ist die akustische Gestalt in zufriedenstellender Qualität wiederzugeben.

Der Versuch, die Ergebnisse in Beziehung zu setzen, scheitert. Die Zunahme der Bekanntheit und Zuordnung innerhalb des gemessenen Zeitraums zeigt keine signifikanten Werte. Es gibt in den Angaben lediglich zwei Vergleichswerte eines einzelnen Audiologos innerhalb von acht Jahren. Die Bekanntheit des Audiologos von *Telekom* wächst, gemäß den Angaben, zwischen 2002 und 2007 (91 %) um ca. 54 % an, das Audiologo von *Audi* zwischen 2003 und 2007 (41 %) um ca. 20 % und das *Hornbach* Audiologo im Zeitraum von 2004 bis 2009 (95 %) um 9 %. Diesen Angaben fehlt ein objektives Bezugssystem, weshalb sie für den wissenschaftlichen Diskurs unbrauchbar sind. Sie leisten jedoch einen Beitrag zur Entwicklung auditiver Kommunikationsstrategien. Außenstehenden wird das Potential von Audiologos aufgezeigt, identifikationsstiftend zu wirken und sich in den Köpfen von über 90 % der Bevölkerung verankern zu können.

Eine weitere Studie des RMS zeigt sehr anschaulich die Repräsentation semantischer Inhalte zu einer Marke, und zwar abhängig von der Häufigkeit der damit verbunden Attribute. Beim Konsum von Radiowerbung wurden sogenannte Bildwelten untersucht. Die genannten Assoziationen wurden den drei Kategorien „bildlich/emotional/sinnlich", „rational/faktisch" und „Marke/Produkt" zugeordnet. Der aus den Ergebnissen entwickelte Assoziationsraum zeigt durch eine grafische Darstellung, welche subjektiven Empfindungen, Wahrnehmungen und Bilder ein Radiospot auslöst. Je früher und je häufiger eine Assoziation genannt wurde, desto zentraler und größer wird diese in der Grafik dargestellt. Dabei lassen sich Assoziationsketten erkennen, die starke Parallelen zu der in Kapitel 4.3 dargestellten semantischen Verknüpfung aufweisen (siehe Link: RMS-Radio erzeugt Bildwelten)[52]. Beim Vergleich der Assoziationsräume von verschiedenen Marken (*McDonald's, VW, Mercedes, Porsche, Ford, Becks Lemon, Dany*) erkennt man bei diesen Schaubildern deutlich, dass bei Automarken rational/faktische Assoziationen eine weitaus größere Rolle spielen, als dies bei Lebensmitteln der Fall ist (*McDonald's, Becks Lemon*), wo hauptsächlich bildlich/emotional/sinnliche Assoziationen genannt wurden. Eine Ausnahme ist bei *Porsche* zu beobachten. Hier überwiegen, für eine Luxusmarke typisch, ebenfalls gefühlsbetonte Assoziationen.

Solche Analysen der Fremdbilder können den Briefing Prozess maßgeblich unterstützen und zur Kontrolle des Selbstbilds der Marke im Vergleich zur Konkurrenz dienen. Zudem können unerwünschte Assoziationen aufgezeigt und möglicherweise deren Ursprung detektiert werden. Im *Sound Tracking*[53] können diese schließlich durch Nachjustierung eliminiert werden.

IMES

Nachdem die RMS Studie die Stärke von Assoziationsräumen darstellen konnte, weist eine 2004 von Lepa entwickelte Methode das Potential auf, auch versteckte Assoziationen aufzudecken. Deswegen eignet sich diese Methode besonders zur Erfolgsprognose und Erfolgsmessung von Audio-Branding Strategien im Hinblick auf eine direkte Konkurrenz am Markt. So können die jeweiligen Assoziationsstärken ermittelt sowie spezifische Merkmale herausgelesen werden, die der Differenzierung dienlich sind (vgl. Lepa & Daschmann 2009, 141ff.). Die methodische Vorgehensweise umfasst verschiedene Messungen, die hier nicht im Detail erläutert werden sollen. Es soll lediglich auf die Zweckmäßigkeit dieses Messverfahrens hingewiesen werden. So ist es möglich, die Stärke vorhandener Assoziationen zwischen Audiologos und Marken sowie zwischen Audiologos und einzelnen Imageattributen zu messen, um die erwünschte Wirkung sicherzustellen.

52 http://www.rms.de/forschung/forschung/kreation/radio-erzeugt-bilderwelten/becks/ [19.11.2011]

53 Beobachtung der in der Markenkommunikation eingesetzten Brand Sounds, um die korrekte und langfristige Nutzung sicherzustellen.

Perspektiven der Messverfahren

In der Marktforschung werden ca. 80 bis 90 % der Studien mittels verbaler qualitativer und quantitativer Methoden durchgeführt (vgl. Kroeber-Riel & Weinberg 2003, 23). Diese weisen naturgemäß Reliabilitäts- und Validitätsprobleme auf, da sie bewusste und kontrollierte Verhaltensweisen erfassen. Wie sich im Laufe dieser Arbeit herausgebildet hat, ist die emotionale Wirkung von Audiologos ein sehr interessanter und bedeutender Aspekt, aber auch schwerer fassbar, weil die emotionale Wirkung nicht immer verbalisierbar ist und diese Vorgänge unbewusst ablaufen. Darum muss man zum einen der Frage nachgehen, *ob* und *welche* Emotionen durch das Audiologo bzw. das Audio-Branding ausgelöst werden und zum anderen *wie* Emotionen allgemein gemessen werden können. Es muss also ein Messverfahren entwickelt werden, das kodiertes (nicht bewusstes) Wissen fassbar macht. Deshalb investieren große Unternehmen in die neuroökonomische Forschung[54], um tiefere Einblicke in das Verhalten potentieller Kunden zu erhalten (vgl. Esch 2008, 602). Ebenso sollte das Branding in der Gestalt inklusive der Rahmenbedingungen getestet werden, in der es von den Konsumenten wahrgenommen wird. Denn die Schwierigkeit der musikpsychologischen Forschung liegt im *eindeutigen* Nachweis physiologischer und psychologischer Reaktionen sowie der Beziehung zwischen affektiven Reaktionen und bestimmten Strukturmerkmalen der Musik. Bei Betrachtung der Ergebnisse sollte auch immer der gesellschaftliche und historische Kontext und mögliche Auffälligkeiten beachtet werden. Es zeigen sich jedoch Schwächen in vielen Untersuchungen und Studien, weil hier einzelne Reize und Marketingelemente separat getestet werden (vgl. Esch/Langner 2005a, 611f.). Auf diese Weise kann keine verlässliche und relevante Aussage über die Wirkung einer Marke beim realen Konsumenten erfolgen. Steigende Aktivitäten der Marktforschungsinstitute und der Industrie sowie ein Bemühen um Langzeitstudien zur Wirkung akustischer Maßnahmen würden deshalb die Wissensbasis erheblich verbessern und zum Erkenntnisgewinn beitragen.

Im modernen Neuromarketing erfolgen Messungen von Gehirnaktivitäten durch Untersuchungen der Biostruktur (Lokalisierung der Gehirnbereiche Stammhirn, Zwischenhirn und Großhirn) mittels metabolischer

54 „interdisziplinäres Forschungsfeld der Bereiche Neurologie, Physik, Ökonomie, Radiologie und Psychologie" (Esch 2008, 602).

und elekrophysiologischer Verfahren. So dominiert jeweils ein anderer der drei Bereiche, was Ergebnisse für Verhalten und Entscheidungsfindung zulässt (vgl. Pepels 2009, 20; Krause 2001). Die Messungen von Gehirnaktivitäten geben zwar einen tiefen Einblick in die Wirkung von Marketingmaßnahmen. Sie sind jedoch sehr aufwendig und mit hohen Kosten verbunden, weshalb sie eher selten eingesetzt werden. Zudem besteht eine weitere Schwierigkeit in der Auswertung der Daten. Diese müssen nämlich anhand kognitionspsychologischer Ansätze interpretiert und wiederum mit Ergebnissen qualitativer Methoden abgeglichen werden. Daneben gilt es noch die klangqualitativen Maßnahmen einer Messung zu unterziehen, wie die Klassifizierung von Klängen und deren psychische Wirkung. Geeignete Methoden, wie auch deren Vergleich und Probleme, illustrieren u.a. Hellbrück & Ellermeier (2004). Das Ziel solcher Messungen sollte darin bestehen, eine Rechenoperation zu suchen, die aus einem *physikalischen* Maß ein *psychologisches* macht. Das bedeutet: Grundlegende psychoakustische Parameter müssen, in einer Formel integriert, die menschliche Empfindung berechenbar machen. Daraus lässt sich im besten Fall das implizite Wissen in ein deklaratives Wissen umwandeln.

Studienentwurf zur Klangfarbenforschung

Die Grundlage des Studiendesigns von Bronner (vgl. 2009b, 269f.) bilden vier Variablen: Timbre *T* und Gestalt *G* (Tonfolge, Akzentuierung, Dauer) sind unabhängige Variablen und Informationsfunktion *I* und Attribution *A* (emotionale Bewertung) sind abhängige Variablen. *T* und *G* werden variiert und von Versuchspersonen anhand der Variablen *I* und *A* bewertet. Auf diese Weise können Klangfarbeneigenschaften mit der emotionalen Wirkung in Beziehung gesetzt werden. Die Klangfarben werden in diesem Fall auf drei Dimensionen variiert: spektraler Schwerpunkt (hell-dunkel), zeitlicher Verlauf (konstant-dynamisch) und Einbzw. Ausschwingverhalten (hart-weich). Diese Methode der multidimensionalen Skalierung bietet die Möglichkeit, Ähnlichkeitsbeziehungen bei Klängen aufzuzeigen.

Des Weiteren können Überlegungen angestellt werden, Wahrnehmungstheorien mit musiktheoretischen Überlegungen zu verbinden. Melodische Prozesse können durch Regelsysteme dargestellt werden, innerhalb derer zwischen rhythmisch-metrischen, melodischen sowie harmonisch-tonalen Bewegungen unterschieden wird.[55] Zudem können musikalische Oberfläche und Tiefenstruktur unterschieden werden (vgl. Schlemmer 2005, 197f.). Diese Regelsysteme haben sich als komplexer erwiesen, als sie in der subjektiven Wahrnehmung tatsächlich auftreten, dennoch kann man daraus dem Zusammenhang mit künstlicher Intelligenz eine gewisse Bedeutung beimessen.

Führt man die Überlegungen fort, so ist es möglich, einen Melodieverlauf in einer mathematischen Funktion darzustellen. Die drei wichtigsten Faktoren sind dabei die Tonhöhe, -länge und die Amplitude. Das ist ebenfalls bei polyphoner Stimmführung noch machbar (siehe Ebeling 1999). So kann Intensität, Dynamik und Phrasierung mathematisch dargestellt werden, wie es in MIDI-gestützter Software in ähnlicher Form gebräuchlich ist. Mit dem Wissen über die psychologische Wirkung bestimmter Intervalle und Intervallfortschreitungen könnten die genannten Faktoren analysiert und an psychologische Muster anpasst werden. So können zumindest sehr unangenehme Dissonanzen und angenehme und eingängige Gestalten aufgezeigt werden. Aber auch hier muss wiederum der Mensch für eine Bewertung herangezogen werden.

In der Regel operieren empirische Versuche die Qualität der Assoziationen und Emotionen anhand der Häufigkeit ihres Auftretens. Ebenso nimmt der persönlichkeits- und kulturprägende Aspekt einen Einfluss auf die Messung. Abschließend bleibt dann doch die Frage der Sinnhaftigkeit von solchen Formeln und Rechenprozessen:

> *„Der musikalische Gestaltwahrnehmungsprozeß folgt psychologischen Gesetzen und nicht physikalischen Rechenbeispielen. Und spätestens hier setzt natürlich auch die Frage ein, in welchem Ausmaß derartige Bedeutungserlebnisse überhaupt generalisierbar sind, da sie eben in hohem Maße subjektive Prozesse sind.“* (Allesch 1982, 53).

Einen Vorteil bieten diese Ideenansätze hinsichtlich diverser Anwendungsgebiete. Bei der Produktion von Audiologos können angepasste Presets dazugeschalten werden, die flexible Einsatzmöglichkeiten sicherstellen und die Akustik und Psychoakustik in der realen Situation berücksichtigen. Über dies dient ein funktionales Programm als eine Art Assistent sowohl zur Kreation eines Grundgerüsts für die Weiterverarbeitung

55 Mit der GTTM = Generative Theorie Tonaler Musik versuchen Fred Lerdahl & Ray Jackendoff (1983) Gemeinsamkeiten im musikalischen Wissen aufzuspüren und eine allgemeine Wahrnehmungstheorie zu entwickeln.

im menschlich kreativen Prozess als auch zur Vollendung und Implementierung akustischer Maßnahmen. Ferner eignet sich die Methode auch in Bezug auf die Klangfarbengestaltung für die Erforschung intermodaler Wahrnehmung, wie Klang und haptische oder Klang und olfaktorische Beziehungen.

9. Schutzfähigkeit von Audiologos

In Verbindung mit der Anforderung, ein Audiologo müsse einzigartig sein und eine prägnante Gestalt aufweisen, tritt in weiterer Folge auch die Frage nach der Schutzfähigkeit auf. Um sich vor Nachahmern einer guten Idee zu schützen ist es daher sinnvoll, ein Audiologo und andere Elemente des Audio-Branding zu registrieren. Denn sind Marken eingetragen, so besteht die Möglichkeit, ein öffentliches Register zu konsultieren, um sicherzugehen, keine Plagiate zu produzieren oder eben bei Urheberrechtsstreitigkeiten auf dieses zu verweisen.

Akustische Signale und Audiologos können als Marke geschützt werden, denn Musikwerke werden im Allgemeinen als geistige und leistungsbezogene Schöpfung angesehen. Der Schöpfer und sogleich Urheber des Werkes ist der Komponist oder Texter der gesungenen oder gesprochenen Sätze, bzw. deren Rechtsnachfolger. In der Regel wird die Nutzung einer Komposition, in diesem Fall das Audiologo, bzw. das gesamte Audio-Branding, vertraglich zwischen Urheber und Werknutzer geregelt. Im Vertrag ist festgelegt „[a]uf welche Art, mit welchen Mitteln und innerhalb welcher örtlichen und zeitlichen Grenzen das Werk von einem Werknutzungsberechtigten benutzt werden darf" (§ 26 UrhG[56]). Der Urheber allein ist gemäß dem sog. Persönlichkeitsrecht dazu berechtigt, die Werknutzung freizugeben. Wird das werbliche Nutzungsrecht nicht vertraglich geregelt, drohen für den Werbenden hohe Kosten aufgrund von Persönlichkeitsrechtsverletzung. Deswegen sollten vor dem Werbeeinsatz die Nutzungsrechte erworben werden (vgl. Loeber 2009, 204). Da Audiologos aufgrund ihrer unverwechselbaren und einzigartigen Erscheinung einen Vermögenswert darstellen, können sie als geistiges Eigentum eines Unternehmens patentiert werden (vgl. Nölke 2009, 132). Die Werknutzungsrechte liegen hier auf der Seite des Unternehmens.

Die Bedingung für ein Copyright ist die Schutzwürdigkeit. Die zu schützende Gestalt muss also ein gewisses Maß an Kreativität, Komplexität und künstlerischem Anspruch aufweisen, um schutzwürdig zu sein. Somit ist es recht unwahrscheinlich, einen bloßen kurzen Sinuston zu

---

56 http://www.jusline.at/26_Werknutzungsrechte_UrhG.html [Zugriff: 2.02.2011]

schützen. Wird einem Ton eine charakteristische und individuelle Klangfarbe zugesprochen, kann das aber zu einer positiven Entscheidung führen. Doch allgemein ist anzuraten, eine zu einfache Gestaltung und eine zu kurze Dauer zu vermeiden und stattdessen auf eine zeitlich längere und komplexe Gestaltung zu setzen. Praktische Beispiele aus der Vergangenheit zeigen, dass aufgrund des erfolgreichen Einsatzes eines Audiologos, dieses auch von anderen Firmen kopiert wird. So kreiert die britische *Admiral Insurance* ein Audiologo, das dem von *Direkt Line* sowohl konzeptuell als auch musikalisch äußerst ähnlich ist. Die Konsequenz ist ein nicht geringer Schaden beider Kontrahenten und beide mussten damals ihre bestehenden Audiologos aufgeben und neue Audiologos entwickeln. Aufgrund zu einfacher Gestalt konnte das erste Logo nicht schutzfähig. Die zweite Variante des Unternehmens weist deswegen nun eine längere zeitliche und komplexere Gestaltung auf und ist somit mit dem Copyright zu schützen (vgl. Jackson 2003, 144).

Dieser Gestaltungshinweis klingt zwar unter Berücksichtigung der oben erwähnten musikpsychologischen Kriterien (z.B. Einfachheit, Konsonanz) paradox, doch geht es hier um Rationales. Das akustische Material muss für die Bürokratie fassbar und vergleichbar gemacht werden. Die teils sehr komplex anmutenden Transkriptionen, die zur Registrierung eingereicht werden, können im Anhang eingesehen werden. Es gilt aber auch hier, bei der Gestaltung die Ganzheitlichkeit zu beachten, einen guten Mittelweg zu finden und nicht zwingend nach Komplexität zu streben.

Registrierung

Für die Registrierung eines Audiologo bzw. einer akustischen Marke treten im internationalen Vergleich verschiedene markenrechtliche Terminologien auf. So heißt es in Österreich „Klangmarke“, während sich Deutschland für die Bezeichnung „Hörmarke“ und die Schweiz für „Akustische Marke“ entschieden haben. Das Europäische Harmonisierungsamt benutzt u.a. die Termini „Hörmarke“ und „Sound“.

Wie kommt es aber zur Registrierung und wie werden kurze akustische Elemente wie das Audiologo erfasst und gespeichert? Die Forderung laut *§ 8 Abs. 1 österreichisches MarkenG* ist die Eigenschaft der grafischen Darstellung.

> *„Diese erfolgt in einer Notenschrift und zwar zur konkreten Bestimmung des Zeichens unter Angabe des Notenschlüssels (G, F oder C), der Noten- und Pausenzeichen (jeweils in Ganzen, Halben, Vierteln usw) und ggf der Vorzeichen (Kreuz, b, Auflösungszeichen) aus denen sich eine getreue Darstellung der Tonfolge und damit der zur Eintragung angemeldeten Melodie ergibt.“* (Ekey et.al. 2009, 608).

Eine exakte Darstellung in herkömmlicher Notenschrift ist aber bei geräuschhaftem Charakter nur eingeschränkt möglich. Dieser Tatsache folgte die Einführung des Sonagramms, eine Darstellung des Frequenzspektrums. Mit Hilfe des Sonagramms ist es möglich, ein genaues Abbild eines akustischen Ereignisses bildlich festzuhalten. Der Nachteil am Sonagramm ist, dass für ein ungeübtes Auge keine Melodik und Harmonik sowie kein konkreter Rhythmus erkennbar sind. Daher fordert das österreichische Patentamt neben der Darstellung in Notenschrift oder als Sonagramm auch die Möglichkeit der klanglichen Wiedergabe auf einem Datenträger. Die Formatierung, Abtastfrequenz, Auflösung und Dauer sind dabei geregelt (vgl. § 16 Abs. 2 MschG). Ist die Marke eingetragen, beträgt die Schutzdauer ab Eintragung zehn Jahre und es fallen Kosten in der Höhe von 360 Euro an.

In Deutschland wurde hingegen die Einreichung eines Sonagramms zwischenzeitlich untersagt, wodurch kein Geräusch oder Sounddesign markenrechtlich geschützt werden kann, das nicht in Notenschrift darstellbar ist (vgl. Loeber 2009, 201). So tritt die Schwierigkeit auf, dass Geräuschbestandteile eines Audiologos durch Notenschrift nicht zufriedenstellend dargestellt werden können und auch zusätzliche wörtliche Beschreibungen zu vage bzw. sehr selten sind (vgl. Bahner 2005, 117f.).[57]

57 Eine sehr genaue Beschreibung und damit eine Ausnahme stellt das Audiologo der Allianz dar: „Die Hörmarke besteht aus einer Melodie mit Begleitung. Gleichzeitig mit dem letzten Ton der Melodie erklingt ein aus mehreren Elementen, nämlich einem Bass- und einem Triangelton, zusammengesetzter Ton, der als ein einziger, schwingender Ton wahrgenommen wird. Der Triangelton hat seine Basis bei 1760 Hz und Obertonschwingungen im Bereich von 7040 Hz. Der Basston setzt sich aus zwei synthetischen Basstönen zusammen, nämlich 55 Hz und 110 Hz. Die Zusammensetzung der Melodie sowie des Tons ist aus der beiliegenden Notation zu erkennen. Zur weiteren Beschreibung der Hörmarke ist ein elektronisches Tondokument (soundfile) 'CD wab' beigefügt, in dem die Melodie und die Begleitung auf dem Klavier gespielt sind. Dies dient jedoch nur als Beispiel; die Instrumentierung ist offen. Die Gesamtdauer der Hörmarke beträgt 8 Sekunden.“
(http://oami.europa.eu/CTMOnline/RequestManager/de_DetailCTM_NoReg; Nummer der Marke: 004555553)

Im Zuge der Festlegung des Verbreitungsgebiets der akustischen Maßnahmen müssen unterschiedliche Institutionen beauftragt werden, um die Hörmarke eintragen zu können. Für Österreich ist das österreichische Patentamt zuständig, für Deutschland das DPMA (Deutsches Patent- und Markenamt) und für eine internationale Registrierung die WIPO (World Intellectual Property Organization). Will man eine Marke EU-weit schützen, so ist dafür das Harmonisierungsamt für den Binnenmarkt (HABM) zuständig. Für die Eintragung ist eine Gebühr zu entrichten. Diese beläuft sich bei elektronischer Einreichung via „E-Filing" auf 900 Euro, in Papierform auf 1050 Euro (vgl. Anmeldung einer Gemeinschaftsmarke[58]). Erwähnenswert ist, dass die Dauer zwischen Anmeldedatum und Eintragung durchaus über ein Jahr beanspruchen kann. Deshalb ist der Markenschutz schon ab dem Anmeldezeitpunkt gegeben, beträgt von da an zehn Jahre und kann fristgerecht gegen eine weitere Gebühr verlängert werden.

Bei der Betrachtung der eingetragenen Marken beim HABM sticht die geringe Anzahl an Hörmarken (150) gegenüber Bildmarken (370.515) ins Auge. Wortmarken (543.891) stellen hingegen die am meisten registrierte Form von Marken dar (vgl. Online Markenrecherche[59]). Beispiele für typische Bildmarken sind der *Mercedes*-Stern oder die gekreuzten Pferdeköpfe im *Raiffeisenbank*-Logo. Wortmarken sind beispielsweise *Google*, *Nivea* oder *Siemens*. Aufgrund fortschreitender Entwicklungen und wachsender Kenntnis über das Potential klingender Marken kann in den nächsten Jahren ein Anstieg der registrierten Hörmarken vermutet werden.[60]

58 HABM: Anmeldung einer Gemeinschaftsmarke, http://oami.europa.eu/ows/rw/pages/CTM/protection/theCTM.de.do [Zugriff: 7.10.2010]

59 vgl. http://oami.europa.eu/CTMOnline/RequestManager/de_SearchBasic [Zugriff: 8.10.2011]

60 Steigerung eingetragener Markenarten im Vergleichszeitraum von 12 Monaten (10/2010 - 10/2011): Hörmarke +9,5%; Bildmarke +12%; Wortmarke +1,6%.

10. Vergleich und Analyse ausgewählter Audiologos

Die folgenden Tabellen mit der Gegenüberstellung beispielhafter Audiologos verfolgen das Ziel, verschiedene Audiologos in ihrer musikalischen Gestalt darzustellen und auf Gemeinsamkeiten und Besonderheiten in hinzuweisen. Für die Analyse und Bewertung werden diverse Kriterien (linke Spalte) herangezogen, die einen direkten Vergleich ermöglichen. Die Analyse und Bewertung des Tabelleninhalts beruht dabei nicht immer auf unwiderlegbaren Fakten, sondern teils auch auf einer subjektiven Wahrnehmung.

Audiologo Auswahl[61]

Melodiecharakter	Activia*, Allianz, Avira, Commerzbank, Danone*, Haribo, Intel, Kabel 1, Lufthansa, Ö 1, Olympus, Philips, Siemens, Telekom, Winterthur, Zott
Geräuschhaft	A 1, Audi, BMW
Stimme/Textiert	Hornbach, McDonald´s*, Schneekoppe

Mit dem hier dargestellten tabellarischen Vergleich wird keine allgemeingültige Struktur dargestellt, im Sinne einer mustergültigen und erfolgsversprechenden Gestalt. Das erfordert eine größer angelegte Analyse von Audiologos gleicher Eigenschaften. Jedoch zeigen die im Folgenden herausgearbeiteten Gestaltungsweisen durch eine intelligente Umsetzung durchaus Tendenzen auf, die dem Erfolg förderlich sein können. Die Erklärung wichtiger Parameter soll dem Leser vor allem das allgemeine Audiologo-Design näher bringen, auf spezifische Gestaltungsweisen aufmerksam machen sowie Gemeinsamkeiten aufdecken.

61 Die Audiologos sind verschiedenen Branchen zuzuordnen und stellen an diese wiederum unterschiedliche Anforderungen. Die Bereiche sind *Lebensmittel/Konsum*, *Versicherung*, *Kommunikation*, *Technologie/Automobil* und *Transport*.

* Die mit einem * gekennzeichneten Felder in den nachfolgenden Tabellen deuten darauf hin, dass vom jeweiligen Unternehmen kein Nutzungsrecht für die Darstellung der Bildmarke eingeräumt wurde.

Tabellarischer Vergleich

	Marken							
	Melodiecharakter							
	Aktivia	Allianz	Avira	Commerzbank	Danone	Haribo	Intel	kabel eins
Akustische/ musikalische Kriterien	*	Allianz	AVIRA	COMMERZBANK	*	HARIBO	intel	kabel eins
Transkription								
Dauer (Näherungswert)	4s	4s	3s	3s	2s	2s	2s	2s
Akzentuierung □ = unbetont ■ = betont	□■□□	□□■□■	■□□□■■	□□□■	□□□	■□□□■□□	■□□□■	□■□□[□]
Kontur	↗↘↘	↘↗↗↘	↗↘↗↘↘	↗↘↗	↘↗	↘↗↘↘	↗↘↗	↗↘↘
Anzahl der Töne	4	5	6	4	3	7	5	4
Ambitus (in Halbtönen)	7	9	7	7	7	5	7	12 (19)
Zentrales oder vorherrschendes Intervall	Quint	Quint	Quint	Quint/Quart	Quint/Terz	Terz	Quart/Quint	Oktav/Quint
Instrumentierung	Klavier; Flöte	Klavier, Triangel	Synth.	Klavier; Vl., Vla. u. Vlc. (pizzicato)	Klavier	E-Git.	Synth.	Synth.

g=geräuschhaft, k=klanghaft s=stimme	k/s	k	k	k	k	k/s	k	k
Dreiklangsbrechung	–	–	+	–	+	–	–	–
Signalquint	+	+	+	+	+	–	+	(+)
vertraute/konsonante Struktur	+	+	+	+	+	+	+	+
Gruppenbildung durch Pausen u.ä.	+	+	+	+	+	+	+	+
Akzentuierung	+	(+)	+	+	–	+	+	+
Flexibilität musikal./techn.	+/+	+/+	+/+	+/+	+/+	+/–	–/+	–/+
Visuelle Animation	+	–	–	–	–	–	+	+
Audiovisuelle Synergie	+	+	–	–	–	–	+	–

	Marken							
	Melodiecharakter							
	Lufthansa	**Ö 1**	**Olympus**	**Philips**	**Siemens**	**Telekom**	**Winterthur**	**Zott**
Akustische/ musikalische Kriterien		ORF 1 RADIO ÖSTERREICH 1	OLYMPUS	PHILIPS sense and simplicity	SIEMENS	T	winterthur	Zott
Transkription						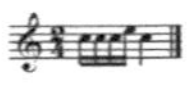		
Dauer (Näherungswert)	3s	3s	2s	3s	3s	1s	3s	3s
Betonung/Gruppierung □ = unbetont ■ = betont	□□□■	□□■	□■□	■■	□□□■	■□□□□	□□■■	□□■□□■
Kontur	↘ ↗ ↗	↗ ↗	↗ ↘	↗	↗ ↗ ↗	↗ ↘	↗ ↘	↗ ↗ ↘ ↘ ↗
Anzahl der Töne	4	3	3	2	4	5	4	6
Ambitus (in Halbtönen)	8	12	7	1	6	4	7	7
Zentrales oder vorherrschendes musikalisches Intervall	Quint	Quint/Oktav	Quint	kl. Sekund	kl. Terz	gr. Terz	Quint	gr. Terz/Quint
Instrumentierung	Klavier	(aktuell) Vlc.	Synth.	Glockenspiel	Synth.	Klavier	Streicher; Klavier	Klavier

g=geräuschhaft, k=klanghaft, s=Stimme	k/g	k	k/g	k	k/g	k	k	k
Dreiklangsbrechung	–	–	–	–	–	–	–	+
Signalquint	+	+	+	–	–	–	+	+
vertraute/konsonante Struktur	+	+	+	+	–	+	+	+
Gruppenbildung durch Pausen u.ä.	+	+	+	+	+	+	+	+
Akzentuierung	–	–	+	–	+	+	+	–
Flexibilität musikal./techn.	+/–	+/+	–/+	–/+	–/+	+/+	+/+	+/+
Visuelle Animation	+	–	–	+	–	+	+	–
Audiovisuelle Synergie	+	+	–	+	–	+	–	–

	Marken					
	geräuschhaft			textiert/Stimme		
	A1	Audi	BMW	Hornbach	McDonald's	Schneekoppe
Akustische/musikalische Kriterien	A1	Audi Vorsprung durch Technik	BMW	HORNBACH Es gibt immer was zu tun.	*	SCHNEEKOPPE
Transkription						
Dauer (Näherungswert)	3s	3s	2s	2s	3s	3s
Akzentuierung □ = unbetont ■ = betont	■□□□■	□■□■□□	■ ■	□□■■□□□□■	■□□□■	■□□
Anzahl der Töne	5	6	2	9	5	3
Ambitus (in Halbtönen)	(9)	(4)	0	12	7	3
Kontur	↗	↘	–	↗↘↘↘↘↘	↗↗↗↘	↘
Zentr. oder vorherrschendes musikalisches Intervall	(Sext)	–	–	(Quart; Quint)	gr. Terz	kl. Terz
Instrumentierung	Synth; perkussiv	Synth.; perkussiv	Synth.; perkussiv	Stimmen männlich	Stimmen weiblich	Stimme weiblich

g=geräuschhaft, k=klanghaft, s=Stimme	g/k	g/k	g	k/s	k/s	k/s
Dreiklangsbrechung	–	–	–	+	+	–
Signalquint	–	–	–	+	+	–
vertraute/konsonante Struktur	+	+	+	+	+	+
Gruppenbildung durch Pausen u.ä.	+	+	+	+	+	+
Akzentuierung	+	+	+	+	+	+
Flexibilität musikal./techn.	– /(+)	– /(+)	– /+	(+)/ –	+/+	–
Visuelle Animation	+	+	+	–	–	–
Audiovisuelle Synergie	+	+	–	+	+	+

Auswertung

Obwohl die Zusammenstellung der Tabelle aus ganz unterschiedlichen Audiologos erfolgt, kann bei der Verteilung in den drei genannten Charakteristika erkannt werden, dass Audiologos mit Melodiecharakter am häufigsten vertreten sind. Dies lässt sich bis zu einem bestimmten Maß auf die Gesamtzahl vorhandener Audiologos am Markt projizieren. Berücksichtigt man die mangelnde technische und musikalische Flexibilität der geräuschhaften Audiologos, so ist das verständlich. Zudem sind geräuschhafte Strukturen vom Rezipienten schwerer einzuordnen als eine Tonfolge oder regelmäßige Klangfarbe.

Bei den gesungenen oder gesprochenen Audiologos ist schon seit über zehn Jahren ein Abwärtstrend zu beobachten. Aufgrund rapider technischer Entwicklungen in der Klangproduktion entstehen facettenreiche Möglichkeiten auch ohne die Emotionalität der menschlichen Stimme hinzuziehen zu müssen.

Notation

Viele Audiologos haben im Original mehrere Spuren und Stimmen, wodurch die Notation viel Platz in Anspruch nehmen kann. Hier werden lediglich wichtige Tonfolgen der Audiologos teils vollständig teils schemenhaft aber so genau wie möglich abgebildet. Geräuschanteile und Synthesizer-Flächen werden beiseitegelassen. Einzelne Oktavparallelen oder die polyphone Stimmführung (*Hornbach, McDonald´s*) werden ausgeklammert. Im Anhang sind allerdings zahlreiche Notationen in der Gestalt abgebildet, wie sie beispielsweise beim HABM registriert sind.[62]

Die ausgewählten Audiologos haben im Schnitt eine Dauer von 2,68 Sekunden und weisen in ihrer **Gestalt** vier bis fünf Töne auf. Die Aussage von Müllensiefen (vgl. 2004, 18), dass die Kapazitätsgrenze des KZG ca. zehn Töne oder Noten beträgt, findet eine Entsprechung in der Analyse. Keine der dargestellten Tonfolgen beinhaltet mehr als zehn aneinandergereihte Töne und die musikalische **Kontur** weist allgemein häufi-

62 Auch wenn die Notationen und Partituren amtlich registriert sind, darf man sie nicht kritiklos übernehmen. Sie beinhalten oftmals Fehler, was auf eine mögliche Computergenerierung der Partituren schließen lässt.

ger eine Aufwärtsbewegung, als eine Abwärtsbewegung (oder Schlusston gleich Anfangston) auf.

Der **Ambitus** beträgt, ausgenommen der drei geräuschhaften Beispiele (*A1, Audi, BMW*), ca. sieben Halbtöne (Quint), ist damit relativ gering und bestätigt die Bedeutung dieses Intervalls. Wie bereits beschrieben, erleichtert ein geringer Ambitus das Wiedererkennen (recognition) sowie das Erinnern (recall).

Intervalle

Mit Quint, Quart und vereinzelt der Terz treten hauptsächlich konsonante Intervalle auf. Die Sekund tritt meist als Durchgangsintervall auf. Bei *Zott* ist die Dreiklangstruktur sehr klar zu erkennen, die als eine Art Klammer den melodischen Verlauf zusammenhält. Auffallend häufig sind in der Gestalt Quinten zu erkennen. Diese Auffälligkeit lässt sich neben dem besonders konsonanten Charakter der Quint mit der aktivierenden Wirkung dieses Intervalls begründen, wie in Kapitel 4 ausführlich beschrieben. Allgemein sind etablierte und konsonante Harmoniestrukturen für die Intervallbildung signifikant. Auf diese Weise lassen sich Werte wie z.B. *„Verlässlichkeit"* und *„Präzision"* vermitteln, während Dissonanzen und atonale Formen hierfür ungeeignet sind. Das Audiologo von *Ö1* besteht aus dem charakteristischen Dur-Dreiklang mit doppeltem Grundton (gespielt von einem Cello). Diese Akkordstellung entspricht der klassischen Tonsatzlehre und repräsentiert damit auf geeignete Weise einen anspruchsvollen Kultursender.

Rhythmus/Zeit

Die Gestalt eines Audiologos liegt in sehr verdichteter Form vor. Das bedarf in einigen Fällen auch einer sehr engen zeitlichen Strukturierung. Wie am *Olympus* Audiologo erkennbar, haben die einzelnen Klangereignisse nur einen sehr geringen Abstand (Interonsetintervall). Um zwei Klangobjekte getrennt voneinander wahrzunehmen genügt aber auch ein Abstand von 20-30ms aus (vgl. Flückiger 2002, 255). Betrachtet man Rhythmus und Gruppierung, so lassen sich klare Formen gemäß der Gestaltgesetze beobachten, die ein Segmentierungsprinzip verfolgen. Das wird besonders deutlich bei *Haribo, Winterthur* und *Zott.* Da die

Gruppierung meist von der Erfahrung des Rezipienten mit rhythmisch-metrischen Mustern abhängt, sollte als Gestaltungshinweis auf eine klar strukturierte Gliederung geachtet werden. Zugunsten der besseren Erinnerung ist auf eine übereinstimmende melodische *und* rhythmische-metrische Akzentstruktur zu achten (vgl. Boltz 1999), d.h. eine Konturänderung innerhalb einer Melodie und rhythmische Schwerpunkte sollten synchron verlaufen.

Tempo

Bei existierenden Partituren bzw. Notationen (registrierte Marken) ist in den wenigsten Fällen (*Audi, Commerzbank*) eine Tempoangabe vorhanden. Der Grund dafür liegt einerseits an der sehr rudimentären und zeichenhaften Abbildung, da auch andere Angaben (Taktangabe, Vorzeichen) fehlen. Andererseits ist es auch fallweise sinnvoll, sich an kein bestimmtes Tempo zu binden, um die Flexibilität beizubehalten, wenn dies die Klanggestalt erlaubt. Generell muss überlegt werden, dass eine Tempoangabe bei nur dann angebracht erscheint, wenn auch genaue Noten- und Taktwerte vorliegen.

Instrumentierung

Sehr oft wird bei der Instrumentierung der Klang des Klaviers herangezogen. Dieser Klang assoziiert Neutralität, Seriosität und Kompetenz und bietet durch die helle und klare Klangfarbe sehr geeignete Voraussetzungen für die Implementierung. Gerade in höheren Lagen, in denen unser Ohr einerseits besonders empfindlich ist (⇒ Hörschwelle), andererseits ein schneller Einschwingvorgang gegeben ist, wird der Klang als präsent und aktivierend empfunden. Aus der klaren Teiltonstruktur (Formanten) eines Klaviertons lassen sich aus musikpsychologischer Sicht besonders einfache Reizstrukturen ableiten, die wiederum leicht zu dekodieren sind und bereits bestehenden Schemata entsprechen. Häufig ist die Instrumentierung aber sehr komplex und eine exakte Beschreibung nur selten zu finden (Ausnahme: *Allianz*). Es treten ein oder mehr Instrumente in den Vordergrund, während der Hintergrund mit Synthesizer-Flächen oder perkussiven Klängen und Effekten angereichert ist.

Die daraus resultierende für das Audiologo charakteristische Klangfarbe dient der Attraktivität, Einprägsamkeit und Unverwechselbarkeit.

Bei der Auswahl einer Klangfarbe oder eines Instruments ist in jedem Fall darauf zu achten, mit dem Instrument und der Instrumentalpraxis vertraut zu sein, d.h. über die Beschaffenheit hinsichtlich Stil, Arrangement und Register der Instrumente Bescheid zu wissen, besonders wenn mit Samples gearbeitet wird. Eine Tonfolge kann über ein Klavier oder Synthesizer ganz ansehnlich klingen, während sie über ein anderes reales Instrument unecht klingt. Das kann dann an der Verwendung im falschen Register oder an untypischen Spielweisen liegen. Werden also gewisse Forderungen erfüllt, stellt das zumindest den Anspruch an Authentizität sicher.

Flexibilität

Der Vergleich lässt eine unterschiedliche Flexibilität der Audiologos hinsichtlich musikalischer und technischer Modifikationen erkennen. Während die klangliche Gestaltung mit einem klassischen Instrument meist durch andere Instrumente oder auch die Stimme ersetzt werden kann (*Telekom*), ist es bei synthetischen und vokalen Klängen schwieriger. Diese haben meist einen so individuellen (*Schneekoppe*) und komplexen (*Intel*) Klang, dass sich auch gleich der gesamte Charakter des Audiologos ändern würde. Eine geschickte Lösung dieses Problems greift *Avira* mit der Idee auf, klangliche Variationen des Audiologos aus geräuschhaften und eher rhythmusbetonten „Clicks" zu bilden, die durch ihre Gestaltung in Stereo eine besondere räumliche Klangwirkung haben.

Bei der technischen Flexibilität kann den meisten Audiologos eine gute Eignung zugesprochen werden. Sie weisen einen relativ schmalen Frequenzbereich auf, wodurch die Implementierung in diverse Kommunikationskanäle vereinfacht wird. Ein Paradebeispiel für schmale und klare Frequenzbereiche, kann im Audiologo von *Philips* gesehen werden:

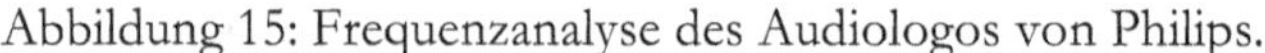

Abbildung 15: Frequenzanalyse des Audiologos von Philips.

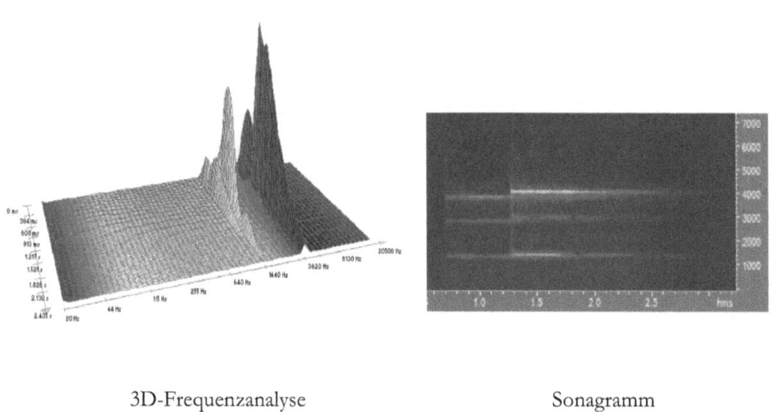

3D-Frequenzanalyse Sonagramm

Quelle: eigene Darstellung

In der 3D-Frequenzanalyse erscheinen die zwei scharfen Töne mit klaren Maxima im oberen Frequenzbereich, passend zum Markenclaim *„sense and simplicity"*. Im Sonagramm weist der zweite Ton des *Philips* Audiologos einen sehr markanten Bereich um 4000 Hz auf. Das macht die Schärfe dieses Klangs aus. Des Weiteren ist erkennbar, dass beide Töne hauptsächlich aus drei Teiltönen (1500Hz, 3000Hz, 4000Hz) bestehen, womit eine leicht eingängige Gestalt geschaffen wurde.

Bei den Audiologos wie z.B. *Audi* oder *A 1* dominiert der tieffrequente Bereich. Bei *Audi* werden durch Kombination eines technischen Klangs und einem Herzschlag wirkungsvoll die Markenattribute „*Technologie*" und „*Emotion*" vermittelt. Hier zielen die Bässe in die Bauchgegend und transportiert so Menschlichkeit (vgl. Krüger 2007, 2). Jedoch kann dieser Klang nicht in unterschiedlichen Stilarten arrangiert werden, wie es bei der *Telekom* der Fall ist. Dadurch ist das Audiologo relativ unflexibel respektive der technischen Wiedergabe, beispielsweise als Klingelton. Zusammenfassend lässt sich sagen, dass ein Audiologo, das keine Melodie besitzt und eine schwach ausgeprägte rhythmische Struktur aufweist, sichtlich in seiner Flexibilität eingeschränkt ist.

Viele der Audiologos werden in den audiovisuellen Medien in animierte Darstellung präsentiert. Am Beispiel der *Telekom* folgt die Klanggestalt synchron dem Schriftzug bzw. visuellen Logo. Daraus entsteht eine audiovisuelle Synergie. Andere synergetische Parallelen von melodischer und visueller Gestalt bzw. der Silben des Markennamen, lassen sich bei *Activia, Lufthansa, Schneekoppe* und *Deutsche Telekom* erkennen. In diesen Fällen ist eine Kongruenz der Anzahl der Töne mit der Anzahl der Buchstaben oder Silben beabsichtigt. Bei *Ö1* ist jedoch die 3-Ton-Sequenz die Repräsentation der Abkürzung der Rundfunkanstalt „ORF“.

Diese Parallelen und eine multimodale Reizverarbeitung spielt für die allgemeine Wahrnehmung eine große Rolle. Werden z.B. eine visuelle und eine auditive Information simultan dargeboten kommt es zu einem deutlichen Anstieg der Aktivität bestimmter Neuronen (vgl. Schröger/Kaerbach/Schönwieser 2002, 107).

Aus dieser Auswertung lässt sich zeigen, dass es melodische und rhythmische Gestalten gibt, die besser und sicherer erfasst und erinnert werden, als andere. Zusammenfassend trifft das besonders zu auf:

- kleine Intervalle (insbesondere die Quint),
- rhythmische/melodische Schwerpunkte,
- eingängige melodische Sprünge,
- aufsteigende Kontur,
- Gliederung in sinnvolle Abschnitte und die
- Gruppierung von ca. fünf Tönen.

Die genannten Gestalten können unter Berücksichtigung der physiologischen und psychologischen Wahrnehmung mit den Gestaltprinzipien in Verbindung gebracht werden. Die wichtigsten Prinzipien sind dabei "Ähnlichkeit", "gute Fortführung", "Einfachheit", "Nähe" und "gemeinsame Bewegung". Wie durch das Phänomen des "auditory streaming" von Bregman (1993) bewiesen wird, fördern diese Prinzipien die Gruppierung von akustischen Events und damit die Wahrnehmung der Kontur. Die daraus resultierenden Vorgänge der Gruppierung, Akzentuierung, Abgrenzung und Regelmäßigkeit ziehen sich durch den gesamten Informationsverarbeitungsprozess, bilden in Form von Schemata unseren Erfahrungsschatz und erhalten eine subjektive, assoziative Verbindung zu anderen Bereichen des Gehirns. Das ist auch Grundlage für die Entstehung innerer Bilder.

Anmerkungen zur Tabelle

Vor kurzem kam es bei *A1* zu einer Nachjustierung des firmeneigenen Images bzw. die Neustrukturierung des Unternehmens („*Telekom Austria* und *A1* werden das *neue* *A1*“), was folgerichtig eines neuen Klangs und Logos bedarf.

Am visuellen (Re)design des Unternehmens lässt sich Flexibilität und Emotionalität erkennen. Das Unternehmen stellt dem Konsumenten nun ein flexibel zu gestaltendes Angebot bereit. Das nun dreidimensionale visuelle Logo - passend zum Claim „Einfach Alles. Einfach A1“ - bietet ebenfalls eine Vielzahl an Variationen, die Designbasis bleibt aber immer erhalten. So wird z.B. auf der Website des Unternehmens in der Navigationsleiste jeder Rubrik eine individuelle Logoversion zuteil. Es kann vermutet werden, dass die hier anzutreffende Flexibilität und Individualität des Angebots auch mit einer emotionalen Bindung des Konsumenten einhergeht.

Das neue Audiologo mit tonalen Charakter besteht aus einem kurzen Streicherakkord mit crescendo und abschließenden einzelnen Pianoton bei aufsteigender Kontur. Damit wurde bei der neuen Version im Vergleich zu der sehr tieffrequenten alten Version ein höheres Maß an technischer Flexibilität und vielleicht auch Emotionalität erreicht.

Audiovisuelle Analogie: Der Streicherklang hat als Pendant das „A“ im visuellen Logo, vermittelt Vertrauen und Emotionalität und zeichnet sich außerdem durch die musikalisch sowie technische Flexibilität aus. Der Pianoklang entspricht der hochgestellten „1“ gibt dem musikalischen Ereignis Struktur und ist aufgrund seines hohen Frequenzbereichs leicht zu erfassen. Je höher die Frequenzen, desto "direktionaler" wird der Schall empfunden. D.h. er wird exakt an der Schallquelle lokalisiert. Im Gegensatz dazu lassen sich tiefe Frequenzen (z.B. über Subwoofer) nicht orten. So konnte der Vorgänger des jetzigen Audiologos von *A1*, das noch von einer tieffrequenten rhythmischen Figur geprägt war, welche einen von allen Richtungen anzusprechen schien, in eine für die direkte Kommunikation geeignetere Variante überführt werden.

Wie der relativ ausführlichen Beschreibung zu entnehmen ist, handelt es sich hierbei um eine akustische Markenführungsstrategie, wie sie State oft the Art ist, aber immer noch viel zu selten in konsequenter Weise umgesetzt wird.

Die *Deutsche Telekom* hat 2007 ihr Bildzeichen geändert, das Audiologo hingegen bleibt unverändert. Die Änderungen betreffen die Erweiterung der Anzahl an den sogenannten „Diggits“ und die einheitliche Farbe des Logos. Um den ursprünglichen Gedanken der starken audiovisuellen Analogie im Design in den Vordergrund zu stellen wird in der Tabelle die ältere Version abgebildet. Zumal das Audiologo der *Deutschen Telekom* zu den bekanntesten und ersten Audiologos zählt und der Einsatz meist im audiovisuellen Kontext stattfindet, sind bei einer leichten Abänderung des visuellen Logos auch keine Missverständnisse zu befürchten.

Auch bei dem TV Sender *kabel eins* kam es im Juli 2011 zu einem Redesign des gesamten Markenauftritts mit dem Fokus das Programm durch die Assoziation „Modernität“ zu stärken. Das visuelle Logo wird dreidimensional gestaltet und wird durch eine räumliche Animation zu einem plastischen und greifbaren Markenelement. Allgemein wird die Sättigung der Senderfarbe verstärkt, was auch zu einer verstärken Aufmerksamkeit und Fokussierung auf den Programminhalt bewirken soll.

Das alte Audiologo mit Melodiecharakter wir von den rhythmisch gesungenen Worten „*kabel eins, eins, baby*“ abgelöst. Einerseits hat das eine starke Brandingfunktion aufgrund der Neuartigkeit im Vergleich zum vorhergehenden Logo. Andererseits ist hier klar zu erkennen, dass ganz bewusst auf die Emotionalität und Multidimensionalität der Stimme gesetzt wird.

Der Auftritt der Winterthur Versicherung (wie in der Tabelle abgebildet) änderte sich ebenfalls im Rahmen einer Umstrukturierung und Eingliederung in den französischen Versicherungskonzern *AXA Versicherungs AG.* Das nun bestehende Audiologo kennzeichnet sich durch ein musikalisches Motiv in eher kleinem Ambitus (aufsteigende Quart, Sekundgang auf Terz) und besteht aus der Instrumentierung mit E-Gitarre, Bass, Beckenklang und BassDrum. So wird versucht eine Verbindung zur Unternehmenskultur mit den drei Eigenschaften „aufmerksam“, „erreichbar“ und „zuverlässig“ herzustellen.

Schlussfolgerung und Ausblick

Die Betrachtung der Funktionen von akustischen Ereignissen hinsichtlich der Markenkommunikation führt zu aufschlussreichen Ergebnissen. Es konnten Gestaltprinzipien und damit korrespondierende musikalische Gestaltungsweisen dargestellt werden, die sich theoretisch für eine leichte Organisation bei der Wahrnehmung und Speicherung im Gehirn eignen. Praktisch muss aber in diesem Zusammenhang mehr eine Art Muster oder Maske mit erklärender Funktion gesehen werden, als die Maxime für eine Komposition mit Ohrwurmcharakter.

Anhand der Tabelle in Kapitel 10 werden geeignete Parameter aufgelistet, die zu einer vergleichenden Betrachtung von Audiologos nützlich sind und eine Basis für allfällige Anknüpfungspunkte bieten. Eine Tabelle in dieser Art kann z.B. Teil des *Market Review* sein und so bei der Kreation eines Audiologos Individualität und Unverwechselbarkeit fördern. Dementsprechend kann aus den unterschiedlichen Betrachtungsweisen herausgelesen werden, dass ein Audiologo, als Bestandteil der Markenkommunikation, einen bedeutenden Beitrag zum Erfolg einer Marke leisten kann – vorausgesetzt es wirkt authentisch auf den Rezipienten.

Bei der Werbung geht es darum, dem Rezipienten die eigenen Sehnsüchte, Leidenschaften und Wunschvorstellungen zu präsentieren. Daraufhin reagiert er nämlich mit Verlangen nach dem beworbenen Gegenstand und dessen Konsum. Die Kommunikation bei der Werbung in den Unterhaltungsmedien oder anderen Kanälen ist aber grundsätzlich unidirektional, d.h. wie der Rezipient (Empfänger) die Werbung wahrnimmt hat keine direkte Bedeutung für den Sender. Die Beziehung zwischen Sender und Empfänger fordert aber eigentlich eine bidirektionale Kommunikation, also einen Informationsaustausch. Insofern besteht ein wachsendes Interesse an der Erforschung der menschlichen Perzeption und neuen Ergebnissen aus Fachbereichen wie Konsumverhalten, Werbepsychologie und Musikpsychologie.

Strategische Konzepte für Audiologos und andere Brand Sounds weisen momentan ein stetiges Wachstum auf. Wie sich der Einsatz und die Gestalt unterschiedlicher Brand Sounds in Zukunft entwickeln wird, ist noch ungewiss. Es wäre allerdings wünschenswert, dass sowohl beim Produzenten als auch beim Konsumenten das Bewusstsein für eine ökologische Gestaltung der akustischen Umwelt steigt. Das bedeutet einen gezielten Einsatz von Klängen aber auch von Stille im Kontext vorherrschender Rahmenbedingungen. Das ist auch gut so, denn Musik in ihrer facettenreichen Form ist ein Kulturgut, das es zu bewahren gilt. Wenn man dennoch die Zukunft auf den Märkten vorhersagen will, ist die Antwort weniger eindeutig, als bei den Audio-Branding Konzepten. Einerseits ist es trotz Erfahrungswerte nicht immer möglich, das Verhalten der zukünftigen Marktteilnehmer vorherzusehen, andererseits weist eine längerfristige Beobachtung der Märkte zwei Kräfte auf, die den Markt stark beeinflussen: Divergenz und Evolution, d.h. man muss, um sich im Wettbewerb zu etablieren, entweder eine neue Kategorie erfinden oder aktiv eine Gegenposition suchen und diese besetzen[63]. Im Markenbildungsprozess mit dem Schwerpunkt integrativer akustischer Markenführung sollte dann einem wissenschaftlichen Diskurs der Disziplinen Soziologie, Neurologie und der Musikwissenschaft, vor dem Hintergrund von Erfahrungswerten, größere Bedeutung eingeräumt werden. Denn Musik interagiert immer mit zahlreichen Faktoren (Zielgruppe, Erwartungshaltung, Sozialisation, Marketing-Umfeld, etc.). Es kann im integrativen Musikeinsatz in der Werbung aufgrund von Reproduktion (Einsatz etablierter Verwendungsmuster) und Innovation sogar einen Indikator für kulturelle Entwicklungstendenzen gesehen werden, denn „entsteht ein neuer Stereotyp, entdeckt ihn die Werbung als eine der ersten Instanzen" (Strötgen 2010, 122). Dass diese Entwicklung stattfindet, ist Bedingung, denn „Werbung muss sich stets aufs Neue der Anforderung stellen, aufsehenerregende Gesamtarrangements zu kreieren, die aus der Masse der Spots hervorstechen" (ebd.). Diese Entwicklungen sind heute in gezielten Maßnahmen zur Gestaltung der akustischen Umwelt zu beobachten. Sie werden durch die rasante Verbreitung elektroakustischer Wiedergabeverfahren unterstützt und treten insbesondere im Bereich der interaktiven Medien auf. So wurden bereits Tageszeitungen mit Audio-Chips ausgestattet, die für eine akustische Wiedergabe von Werbung zuständig sind.

Eine recht junge Sparte, die sich der Interaktion zwischen Mensch und Maschine widmet, wird unter dem Begriff *„augmented reality"* zusammengefasst und ist die Überlagerung der Realität durch computergenerierte virtuelle Objekte.[64] Angewandt auf das Audiologo oder andere Brand Sounds bedeutet das eine ergänzende interaktive Kommunikation,

63 Das zeigt ein Beispiel aus den 1960er Jahren bei der Positionierung der Marken Mercedes-Benz und BMW: Prestige/Fahrkomfort vs. Freude am Fahren.

64 Haupteigenschaften der Augmented Reality: Realität und virtuelle Realität überlagern sich; Interaktivität in Echtzeit; reale und virtuelle Objekte stehen dreidimensional zueinander in Bezug (vgl. Edegger 2008, 52; Azuma 1997). Funktionsprinzip von augmented reality-Systemen siehe u.a. Vogl (2008, 29ff.).

womit möglicherweise ein weiterer aufmerksamkeitsstarker Touchpoint der Markenkommunikation geschaffen werden kann. Neben bereits existierenden Anwendungen u.a. für Mobiltelefone und Computerspiele, wäre *(mobil-)augmented reality* auch vorstellbar im öffentlichen Raum, indem dort der passende Klang zu einer Marke mit verbundenen Inhalten präsentiert wird. Die Idee konkrete akustische Signale wiederzugeben[65], bietet eventuell eine originelle Alternative für Werbetreibende und ist gleichzeitig ein Aspekt für die Erforschung der Interaktion unserer Sinne. Weil ökologische Klanggestaltung gerade im öffentlichen Raum und daran beteiligte wissenschaftliche Diskurse mehr und mehr an Bedeutung gewinnen, ist es auch wichtig, die akustische Reizvermittlung und -wahrnehmung wie auch die inter- und multimodale Wahrnehmung weiter zu erforschen. Indem dieses Wissen zur Eindrucksbildung unserer Umwelt herangezogen wird, entstehen weitere interessante Zukunftsperspektiven für akustische Gestaltungsprozesse.

65 Die Wiedergabe erfolgt (uni-)direktional oder durch interaktive Gestaltung.

Literatur

Adjouri, N. (2002). Die Marke als Botschafter: Markenidentität bestimmen und entwickeln, Wiesbaden: Gabler.

Albers, M. (2010). Auf die ganz abgefahrene Masche, in: brand eins, 2, S. 90-94.

Allan, D. (2007). Sound Advertising: A Review of the Experimental Evidence on the Effects of Music in Commercials on Attention, memory, Attitudes, and Purchase Intention, *Journal of Media Psychology, 12 (3),* http://www.calstatela.edu/faculty/sfischo/ [Zugriff: 29.12.2010].

Altenmüller, E. (1995). Zentrale Verarbeitung, in: Finscher, L. [Hrsg.]. Die Musik in Geschichte und Gegenwart, Sachteil 3, Kassel [u.a.]: Bärenreiter [u.a.], Sp. 1093-1104.

Altenmüller, E., et. al. (2007). Der Gänsehaut-Faktor, *Geist & Gehirn,* Januar/*Februar*, S. 58-63. http://www.gehirn-und-geist.de/artikel/859906 [Zugriff: 20.11.2010].

Argo, J.J., Popa, M., Smith, M.C. (2010). The Sound of Brands, *Journal of Marketing , 74*, S. 97-109.

Audio Branding Academy (2010). Audio-Branding Barometer, in: http://www.audio-branding-academy.org/abaweb/wp-content/uploads/2010/ABB2010_20101109-online-version.pdf [Zugriff: 05.11.2010].

Auhagen, W. (1983). Studien zur Tonartencharakteristik in theoretischen Schriften und Kompositionen vom späten 17. Jh. bis zum Beginn des 20. Jh, Frankfurt am Main [u.a.]: Lang.

Auhagen, W. (1994). Experimentelle Untersuchungen zur auditiven Tonalitätsbestimmung in Melodien, Kassel: Bosse.

Auhagen, W. (1998). Stimmung und Temperatur, in: Finscher, L. [Hrsg.]. Die Musik in Geschichte und Gegenwart, Sachteil 8, Kassel [u.a.]: Bärenreiter [u.a.], Sp. 1831-1847.

Auhagen, W. (2003). Zur Entstehung der Tonartencharakteristik im 18. Jahrhundert, in: Auhagen, W., Gätjen, B., Niemöller, K.W. [Hrsg.]. Systemische Musikwissenschaft. Festschrift Jobst Peter Fricke zum 65.Geburtstag. Frankfurt: Lang, S. 89-96.

Auhagen, W. [Hrsg.] (2009). Musikpsychologie – Musikalisches Gedächtnis und musikalisches Lernen. Jahrbuch der Deutschen Gesellschaft für Musikpsycholgie, 20, Göttingen [u.a.]: Hofgrefe.

Azuma, R.T. (1997). Survey of augmented reality, *Presence, 6 (4)*, S. 355-385.

Bahner, S. (2005). Der Schutz akustischer Marken nach dem deutschen Markengesetz und der europäischen Gemeinschaftsmarkenverordnung, (Beiträge zum europäischen Wirtschaftsrecht, 31), Berlin: Duncker und Humblot.

Behne, K.E. (2001). Musik-Erleben: Abnutzung durch Überangebot?, Media *Perspektiven 3/2001*, S. 142-148.

Benjamin, W. (1963). Das Kunstwerk im Zeitalter seiner technischen Reproduzierbarkeit. Drei Studien zur Kunstsoziologie, Frankfurt am Main: Suhrkamp.

Bernecker, M., Pepels, W. [Hrsg.]. Jahrbuch Marketing 2009. Trendthemen und Tendenzen, Köln: Johanna.

Birbaumer, N. & Schmidt, R.F. [Hrsg.] (2006). Biologische Psychologie, Berlin [u.a.]: Springer Medizin.

Blood, A. & Zatorre, R. (2001). Intensely Pleasurable Responses to Music Correlate with Activity in Brain Regions Implicated in Reward and Emotion, *Proceedings of the National Academy of Science, 98*, S. 11818-11823.

Brandtner, M. (2005). Brandtner on branding. Entdecken Sie die 11 Naturgesetze der Markenführung und ihre strategischen Konsequenzen, Gratkorn: Styria Prinshop.

Broadbent, D.E. (1958). Perception and Communication, London [u.a.]: Pergamon Press.

Bronner, K. (2004). Audio-Branding: Akustische Markenkommunikation als Strategie der Markenführung, Diplomarbeit, Norderstedt: Grin.

Bronner, K. (2009a). Schöner die Marken nie klingen...Jingle all the Way? Grundlagen des Audio-Branding, in: Bronner, K., Hirt, R. [Hrsg.]. Audio-Branding. Entwicklung, Anwendung, Wirkung akustischer Identitäten in der Werbung, Baden-Baden: Nomos, S. 82-101.

Bronner, K. (2009b): Klangfarbe in Funktion. Ein elementares, aber schwer fassbares Gestaltungselement, in: Spehr, G. [Hrsg.]: Funktionale Klänge. Hörbare Daten, klingende Geräte und gestaltete Hörerfahrung, Bielefeld: Transcript, S. 261- 274.

Bronner, K. & Hirt, R. [Hrsg.] (2009). Audio-Branding. Entwicklung, Anwendung, Wirkung akustischer Identitäten in der Werbung, Medien und Gesellschaft, Praxisforum Medienmanagement, 5, Baden-Baden: Nomos.

Bruhn, H. (2009). Musik als Repräsentation von vorgestellten Handlungen – Ausdruckmodelle als Erklärung für die Wirkungen von Musik, in: Bronner, K., Hirt, R. [Hrsg.]. Audio-Branding. Entwicklung, Anwendung, Wirkung akustischer Identitäten in der Werbung, Baden-Baden: Nomos, S. 20-31.

Bruhn, H., Kopiez, R., Lehmann, A. (Hrsg.) (2009). Musikpsychologie: Das neue Handbuch, Reinbek bei Hamburg: Rowohlt.

Bruhn, H., Oerter, R., Rösing, H. [Hrsg.] (1997). Musikpsychologie. Ein Handbuch, Reinbek bei Hamburg: Rowohlt.

Bruhn, H., Oerter, R., Rösing, H. (2002). Musik und Psychologie – Musikpsychologie, in: ders. [Hrsg.]. Musikpsychologie. Ein Handbuch, Reinbek bei Hamburg: Rowohlt. S. 13-20.

Bruner, G. (1990). Music, Mood, and Marketing, Journal of Marketing, October, S. 94-104.

Buchli, H. (1962). 6000 Jahre Werbung: Geschichte der Wirtschaftswerbung und der Propaganda, Berlin: de Gruyter.

Bucht, S. & Huovinen, E. (2004). Perceived consonance of harmonic intervals in 19-tone equal temperament, in: Parncutt, R. [Hrsg.]. Conference on Interdisciplinary Musicology, CIM04, Graz.

Bullerjahn, C. (2001). Grundlagen der Wirkung von Filmmusik, Augsburg: Wißner.

Burmann, C. [Hrsg.] & Schallehn, M. (2010). Konzeptualisierung von Marken-Authentizität, Lehrstuhl für innovatives Marketing (LiM). Arbeitspapiere Nr. 44, http://www.brandauthenticity.org/LiM-AP-44-Konzeptuali sierung-von-Markenauthentizitaet.pdf [Zugriff: 20.11.2010].

Burns, E.M. (1999). Intervals, Scales, and Timing, in: Deutsch, D. [Hrsg.]: The Psychology of Music, San Diego [u.a.]: Academic Press, S. 215-264.

Campenhausen, C. v. (1993). Die Sinne des Menschen. Einführung in die Psychophysik der Wahrnehmung, Stuttgart [u.a.]: Thieme.

De la Motte, H. (2005). Modelle der musikalischen Wahrnehmung, in: De la Motte, H., Rötter, G. [Hrsg.]. Musikpsychologie. Handbuch der systematischen Musikwissenschaft, Bd. 3, Laaber: Laaber-Verlag, S. 55-73.

De la Motte, H. & Rötter, G. [Hrsg.] (2005a). Musikpsychologie. Handbuch der systematischen Musikwissenschaft, Bd. 3, Laaber: Laaber-Verlag.

De la Motte, H. & Rötter, G. [Hrsg.] (2005b). Formwahrnehmung, in: ders.. Musikpsychologie. Handbuch der systematischen Musikwissenschaft, Bd. 3, Laaber: Laaber-Verlag, S. 263-267.

De la Motte, H., Kopiez, R., Rötter, G. [Hrsg.] (1996). Handbuch der Musikpsychologie, Laaber: Laaber-Verlag.

Dalla Bella, S., Peretz, I., Rousseau, K., Gosselin, N. (2001). A developmental study of the affective value of tempo and mode in music, Cognition, 80, B1-B10.

Deutsch, D. (1994a). Paradoxien der Tonhöhenwahrnehmung, in: Zenner, H.P.[Hrsg.]. Physiologie der Sinne, Heidelberg: Spektrum, S. 14-20.

Deutsch, D. (1994b). Wahrnehmung auditiver Muster, in: Prinz, W. [Hrsg.]. Enzyklopädie der Psychologie, Themenbereich C, Theorie und Forschung, Kognition, Bd. 1, S. 339-390.

Deutsch, D. [Hrsg.] (1999). The psychology of music, San Diego [u.a.]: Academic Press.

Deutsch, J.A. & Deutsch, D. (1963). Attention: Some theoretical considerations, Psychological review, 70, S. 80-90.

Diederichsen, Diedrich (2008). Drei Typen von Klangzeichen, in: Schulze, Holger [Hrsg.]. Sound studies. Traditionen – Methoden – Desiderate; eine Einführung, Bielefeld: Transcript, S. 109-124.

DLG (2009). Geschmack und Klang: Wie klingt Citrus?, DLG-Test Lebensmittel (5), S. 18-21.

Dowling, W.J., & Fujitani, D.S. (1971). Contour, interval, and pitch recognition in memory for melodies. Journal of the Acoustical Society of America, 49, 524-531.

Dowling, W.J. & Harwood, D.L. (1986). Music Cognition, Orlando: Academic Press.

Dubois, S. (2006). Mixed Media: Akustische Markenführung. Der kürzeste Weg ins Unterbewußtsein, in: Promotion Business. Magazin für Gesellschaft & Marketing. http://www.promobizz.de/modules/wfsection/article.php?page=1&articleid=259 [Zugriff: 21.09.2010].

Ebeling, M. (1999). Tonhöhe. Physikalisch – musikalisch – psychologisch – mathematisch, Systemische Musikwissenschaft, Bd. 2, Frankfurt am Main: Lang.

Ebeling, M. (2007). Verschmelzung und neuronale Autokorrelation als Grundlage einer Konsonanztheorie, Frankfurt am Main; Wien [u.a.]: Lang.

Ebeling, M. (2009). Konsonanz und Dissonanz, in: Bruhn, H., Kopiez, R., Lehmann, A. [Hrsg.]. Musikpsychologie: Das neue Handbuch, Reinbek bei Hamburg: Rowohlt, S. 499-521.

Eberlein, R. (1994). Die Entstehung der tonalen Klangsyntax, Frankfurt am Main [u.a.]: Lang.

Eberlein, R. & Fricke, J.P. (1992). Kadenzwahrnehmung und Kadenzgeschichte. Ein Beitrag zu einer Grammatik der Musik, Frankfurt am Main [u.a.]: Lang.

Edegger, F. (2008). Pervasive gaming als ein neuer Weg zur Beeinflussung von Denken und Handeln. Eine Anwendung im Lernkontext, Wiesbaden: Gabler.

Ehrenfels, C. v. (1890). Ueber „Gestaltqualitäten", in: Vierteljahrsschrift für wissenschaftliche Philosophie, 14 (3), Leipzig: Reisland, S. 249-292.

Ekey, F.L., Klippel, D., Bender, U. [Hrsg.] (2009). Markenrecht: Markengesetz und Markenrecht ausgewählter ausländischer Staaten, Heidelberg [u.a.]: Müller.

Engel, J. F., Blackwell, R. D., Minard, P. W. (1995). Consumer behavior, Fort Worth [u.a.]: Dryden Press.

Esch, F.R. (2005b). Markenpositionierung als Grundlage der Markenführung, in: ders. [Hrsg.]. Moderne Markenführung. Grundlagen – Innovative Ansätze – Praktische Umsetzungen, Wiesbaden: Gabler, S. 131-163.

Esch, F.R. [Hrsg.] (2003). Strategie und Technik der Markenführung, München: Vahlen.

Esch, F.R. [Hrsg.] (2005a). Moderne Markenführung. Grundlagen – Innovative Ansätze – Praktische Umsetzungen, Wiesbaden: Gabler.

Esch, F.R. [Hrsg.] (2008). Strategie und Technik der Markenführung, München: Vahlen.

Esch, F.R. & Möll, T. (2005). Kognitionspsychologische und neuroökonomische Zugänge zum Phänomen Marke, in: Esch, F.R. [Hrsg.]. Moderne Markenführung. Grundlagen – Innovative Ansätze – Praktische Umsetzungen, Wiesbaden: Gabler, S. 61-82.

Esch, F.R., et. al. (2005). Markenführung im Internet, in: Esch, Franz-Rudolf [Hrsg.]. Moderne Markenführung. Grundlagen – Innovative Ansätze – Praktische Umsetzungen, Wiesbaden: Gabler, S. 673-705.

Esch, F.R., Langner, (2005a). Gestaltung von Markenlogos, in: Esch, Franz-Rudolf [Hrsg.]. Moderne Markenführung. Grundlagen – Innovative Ansätze – Praktische Umsetzungen, Wiesbaden: Gabler, S. 603-628.

Esch, F.R., Langner, (2005b). Branding als Grundlage zum Markenaufbau, in: Esch, Franz-Rudolf [Hrsg.]. Moderne Markenführung. Grundlagen – Innovative Ansätze – Praktische Umsetzungen, Wiesbaden: Gabler, S. 573-586.

Esch, F.R., Langner, T., Brunner, C. (2005). Kundenbezogene Ansätze des Markencontrolling. in: Esch, F. R. [Hrsg.]. Moderne Markenführung. Grundlagen – Innovative Ansätze – Praktische Umsetzungen, Wiesbaden: Gabler, S. 1227-1261.

Esch, F.R., Wicke, A., Rempel, J.E. (2005). Herausforderungen und Aufgaben des Markenmanagements, in: Esch, F.R. [Hrsg.]. Moderne Markenführung. Grundlagen – Innovative Ansätze – Praktische Umsetzungen, Wiesbaden: Gabler, S. 3-60.

Ethofer, T. et. al. (2009). Decoding of Emotional Information in Voice-Sensitive Cortices, Current Biology, 19 (12), S. 1028-1033.

Evers, S. (2005). Hirnphysiologische Grundlagen der Musikwahrnehmung, in: De la Motte, H. [Hrsg.]. Musikpsychologie. Handbuch der systematischen Musikwissenschaft, Bd. 3, Laaber: Laaber-Verlag, S. 40-54.

Evers, S. (2005). Hirnphysiologische Grundlagen der Musikwahrnehmung, in: De la Motte, H. & Rötter, G.: Handbuch der systematischen Musikwissenschaft. Musikpsychologie, Bd. 3, Laaber: Laaber Verl., S. 40-54.

Fastl, H. (2005). Psycho-Acoustics and Sound Quality, in: Blauert, Jens [Hrsg.]. Communication Acoustics, Berlin [u.a.]: Springer, S. 139-162.

Felderer, B. [Hrsg.] (2004). Die Stimme. Eine Ausstellung, Phonorama. Eine Kulturgeschichte der Stimme als Medium, Zentrum für Kunst und Medientechnologie, Karlsruhe , Berlin: Matthes & Seitz, S. 7-21.

Felser, G. (1997). Werbe- und Konsumentenpsychologie. Eine Einführung, Stuttgart: Schäffer-Poeschel.

Felser, G. (2007). Werbe- und Konsumentenpsychologie, Heidelberg: Spektrum Akad. Verlag.

Finscher, L. [Hrsg.] (1997). Musik in Geschichte und Gegenwart, Sachteil, 6, Kassel [u.a.]: Bärenreiter [u.a.].

Flath, B. (2009). Sound und Image. eine experimentelle Untersuchung zum Einfluss von Klangqualitäten auf die Wahrnehmung eines Produktimages im Kontext von Fernsehwerbung, Universität Graz, Diss.

Florack, A. [Hrsg.] (2007). Psychologie der Markenführung, München: Vahlen.

Flückiger, B. (2002). Sound Design. Die virtuelle Klangwelt des Films, Zürcher Filmstudien, 6, Marburg: Schüren.

Franz, G. (2005). Radiowerbung als Absatzmultiplikator. Media Perspektiven 10, S. 505-510, http://www.mediaperspektiven.de/uploads/tx_ mppublications/10-2005_Franz.pdf [Zugriff: 20.11.2010]

Fricke, J. P. (1992). Die Grammatik der Musik- Zur Einführung in die Kadenzwahrnehmung, In: Eberlein, R. & Fricke, J.P: Kadenzwahrnehmung und Kadenzgeschichte, Frankfurt a. M.: Peter Lang, S. 1-14.

Fricke, J.P. (1997). Rhythmus als Ordnungsfaktor: Informationspsychologische Bedingungen der Zeitgestaltung, in: Beer, A. [Hrsg.]. Mainzer Studien zur Musikwissenschaft 37. Festschrift Christoph-Hellmut Mahling zum 65. Geburtstag, Tutzing: Schneider, S. 397-412.

Fricke, J.P. (2005). Psychoakustik des Musikhörens. Was man von der Musik hört und wie man sie hört. De la Motte, H. [Hrsg.] (2005). Musikpsychologie. Handbuch der systematischen Musikwissenschaft, Bd. 3, Laaber: Laaber-Verlag, S. 101-154.

Fricke, J.P. & Louven, C. (2009). Psychoakustische Grundlagen des Musikhörens, in: Bruhn, H., Kopiez, R., Lehmann, A. (Hrsg.). Musikpsychologie: Das neue Handbuch, Reinbek bei Hamburg: Rowohlt., S. 413-436.

Fuss, H. (2005). Die Diktatur der sanften Klänge, Die Zeit Online, 26. Januar, http://www.zeit.de/zeit-wissen/2005/04/Muzak.xml [Zugriff: 14.12.2009].

Gelfand, S. (2004). Hearing. An Introduction to psychological and Physiological Acoustics, New York: Marcel Dekker.

Goldstein, E.B., Irtel, H. [Hrsg.] (2008). Wahrnehmungspsychologie. Der Grundkurs, Berlin [u.a.]: Spektrum Akad. Verlag.

Gorn, G. J. (1982). The effects of music in advertising on choice behavior: A classical conditioning approach, Journal of Marketing, 46, S. 94-101.

Grewe, O., Nagel, F., Kopiez, R., Altenmüller, E. (2007). Listening to Music as a Re-creative Process: Physiological, psychological, and psychoacoustical correlates of chills and strong Emotions, Music Perception, 24 (5), S. 297-314.

Groves, J. (2008). Sound Branding – Strategische Entwicklung von Markenklang, in: Meyer, H. [Hrsg.]. Markenmanagement 2008/2009, Jahrbuch für Strategie und Praxis der Markenführung, Frankfurt am Main: Deutscher Fachverlag, S. 125-148.

Groves, J. (2009). A Short History Of Sound Branding, in: Bonner, K., Hirt, R. [Hrsg.]. Audio-Branding. Entwicklung, Anwendung, Wirkung akustischer Identitäten in der Werbung, Medien und Gesellschaft, Baden-Baden: Nomos, S. 40-53.

Groves, J. (2011). Website. Tools zur Struktur, http://www.soundbranding.com/flash2/de/fenster_sb.html [Zugriff: 13.10.2011].

Gundlach, R.H. (1935). Factors Determining the characterization of Musical Phrases, The American Journal of Psychology 47, S. 624-643, (Übersetzung: Rösing, H. [Hrsg.] (1983). Rezeptionsforschung in der Musikwissenschaft, Darmstadt: WBG, S. 49-76).

Hall, D. E. (2003). Musikalische Akustik. Ein Handbuch, Mainz [u.a.]: Schott.

Halpern, D.I., Blake, R. (1986). Psychoacoustics of a chilling sound, Perception & Psycholphysics 39 (2), S. 77-80.

Hamann, S. (2007). Logodesign, Heidelberg: mitp.

Handel, S. (1989). Listen: An introduction to the Perception of Auditory Events, Cabridge [u.a.]: MIT Press.

Haribo (2010a). Haribo Geschichte

http://www.haribo.de/planet/de/info/main/verbraucherinfo/downloads/haribo_historie.pdf [Zugriff: 22.11.2010].

Haribo (2010b). Werbung, Marketing und andere Highlights

http://www.haribo.de/panet/de/info/main/verbraucherinfo/downloads/haribo_marketing.pdf [Zugriff: 22.11.2010].

Haverkamp, M. (2009b). Synästhetische Aspekte der Geräuschgestaltung im Automobilbau, in: Bonner, Kai, Hirt, Rainer [Hrsg.]. Audio-Branding. Entwicklung, Anwendung, Wirkung akustischer Identitäten in der Werbung, Medien und Gesellschaft, Baden-Baden: Nomos, S. 228- 244.

Heister, H.W. [Hrsg.] (1997): Semantische Inseln- musikalisches Festland. Für Tibor Kneif zum 65. Geburtstag, Hamburg: von Bockel.

Heister, H.W. (1997). Absolute Muzak. Zur Konstituierung und Destruktion von Bedeutungen im Musikprozeß, in: ders. [Hrsg.]. Semantische Inseln – Musikalisches Festland. Für Tibor Kneif zum 65. Geburtstag, Zwischen-Töne (7), Hamburg: von Bockel, S. 263-281.

Hellbrück, J. & Ellermeier, W. (2004). Hören. Physiologie, Psychologie und Pathologie, Göttingen [u.a.]: Hogrefe.

Helms, D. & Phelps, T. [Hrsg.] (2003). Clipped differences. Geschlechterrepräsentationen im Musikvideo, Beiträge zur Popularmusikforschung 31, Bielefeld: Transcript.

Helms, S. (1981). Musik in der Werbung. Mit 72 Hörbeispielen auf Tonband, Wiesbaden: Breitkopf & Haertel.

Hemming, J. (2009). Zur Phänomenologie des „Ohrwurms“, In: Auhagen, W., Bullerjahn, C. & Höge, H. (Hrsg.): Musikpsychologie - Musikalisches

Gedächtnis und musikalisches Lernen, Jahrbuch der Deutschen Gesellschaft für Musikpsychologie, 20, Göttingen: Hogrefe, S. 184-207.

Hindemith, P. (1940). Unterweisung im Tonsatz. Theoretischer Teil, Mainz: Schott.

Hirschel, J. & Wilsdorf, G. (1993). Wie klingt ein Markenartikel, in: Langenmaier, Arnica-Verena [Hrsg.] : Der Klang der Dinge: Akustik – eine Aufgabe des Design, München: Schreiber, S. 36-44 .

Hurte, M. (1982). Musik, Bild, Bewegung. Theorie und Praxis auditiv-visueller Konvergenzen, Bonn: Orpheus.

Jacke, C., Jünger, S., Zurstiege, G. (2000). Aufdringliche Geschichten – Zum Verhältnis von Musik und Werbung, in: Rösing, H. & Phelps, T. [Hrsg.]. Populäre Musik im kulturwissenschaftlichen Diskurs, Beiträge zur Popularmusikforschung 25/26, Karben: CODA, S. 25-42.

Jackson, D. M., Fulberg, P. [Hrsg.] (2003). Sonic branding. An introduction, London: Palgrave Macmillan.

Jones, M.R. (1987). Dynamic pattern structure in music: Recent theory and research. Perception & Psycholphysics, 41 (6), S. 621-634.

Jones, M.R. & Boltz, M (1989). Dynamic Attending and Responses to Time. Psychological Review, 96 (3), S. 459-491.

Jourdain, R. (1998). Das wohltemperierte Gehirn. Wie Musik im Kopf entsteht und wirkt, Heidelberg [u.a.]: Spektrum.

Kafitz, W. (1977). Der Einfluß der musikalischen Stimulierung auf die Werbewirkung. Eine experimentelle Untersuchung, Saarbrücken: Universität des Saarlandes, Diss.

Kastner, S. (2008). Klang macht Marken. Sonic Branding als Designprozess, Wiesbaden: Gabler.

Keidel, W..D. [Hrsg.] (1975). Physiologie des Gehörs, Stuttgart: Thieme.

Kellaris, J. & Kent, R. (1991). Exploring tempo and modality effects, on consumer responses to music. Advances in Consumer Research, 18, S. 243-248.

Keller, K.L. (1993). Conceptualizing, Measuring and managing customer-Based Brand Equity, Journal of Marketing, 57 (1), S. 1-22.

Kilian, K. (2007). Multisensuales Markendesign als Basis ganzheitlicher Markenkommunikation, in: Florack, A. [Hrsg.]. Psychologie der Markenführung, München: Vahlen, S. 323-356.

Kilian, K. (2009a). klangvolle Markennamen und namhafter Markenklang, in: Bernecker, M., Pepels, W. [Hrsg.]. Jahrbuch Marketing 2009. Trendthemen und Tendenzen, Köln: Johanna, s. 248-267.

Kilian, K. (2009b). Von der Markenidentität zum Markenklang als Markenelement, in: Bronner, K., Hirt, R. [Hrsg.]. Audio-Branding. Entwicklung, Anwendung, Wirkung akustischer Identitäten in der Werbung, Medien und Gesellschaft, Baden-Baden: Nomos, S. 54-69.

Kilian, K. (2009c). From brand Identity to Audio Branding, in: Bronner, K., Hirt, R. [Hrsg.]. Audio-Branding. Entwicklung, Anwendung, Wirkung akustischer Identitäten in der Werbung, Medien und Gesellschaft, S. 35-50.

Kilian, K. (2009d). Akustik als klangvolles Element multisensualer Markenkommunikation, in: Bronner, K., Hirt, R. [Hrsg.]. Audio-Branding. Entwicklung, Anwendung, Wirkung akustischer Identitäten in der Werbung, Medien und Gesellschaft, Baden-Baden: Nomos, S. 214-227.

Kleinen, G. (1975). Zur Psychologie musikalischen Verhaltens, Frankfurt am Main [u.a.]: Diesterweg.

Koch, K.D. (2006). Reiz ist geil – die Rolle der Marke im Verdrängungswettbewerb, Marketing Journal 10, S. 18-20.

Koelsch, S. & Schröger, E. (2009). Neurowissenschaftliche Grundlagen der Musikwahrnehmung, in: Bruhn, H., Kopietz, R., Lehmann, A. [Hrsg.]. Musikpsychologie: Das neue Handbuch, Reinbek bei Hamburg: Rowohlt, S. 393-412.

Koerppen, A. (1996). Melodielehre kurz gefaßt, Wolfenbüttel: Möseler.

Köhler, R., Majer, W., Wiezorek, H. [Hrsg.] (2001). Erfolgsfaktor Marke. Neue Strategien des Markenmanagements, München: Vahlen.

Kohlrausch, A. & van de Par, S. (2002). Audio-Visual Interactions in the Context of Multi-Media-Applications, in: Fortschritte der Akustik, Plenarvorträge der 28. Deutschen Jahrestagung für Akustik, DAGA, Bochum.

Kohlrausch, A. & van de Par, S. (2005). Audio-Visual Interaction in the Context of Multi-Media Applications, in: Blauert, J. [Hrsg.]. Communication Acoustics, Berlin: Springer, S. 109-138.

Kopietz, R. (2009). Wirkungen von Musik, in: Bruhn, H., Kopietz, R., Lehmann, A. [Hrsg.]. Musikpsychologie: Das neue Handbuch, Reinbek bei Hamburg: Rowohlt, S. 525- 547.

Kosfeld, C. (2004). Sound Branding – eine strategische Säule erfolgreicher Markenkommunikation, in: Boltz, D.M., Leven, W. [Hrsg.]. Effizienz in der Markenführung, Hamburg: Gruner + Stern, S. 44-57.

Kraemer, D.J.M., Macrae, C.N., Green, A.E., Kelley, W.M. (2005). Musical imagery. Sound of silence activates auditory cortex, Nature, 434.

Krallman, D., Ziemann, A. [Hrsg.] (2001). Grundkurs Kommunikationswissenschaft, München: Fink, S. 21-34.

Krause, P. (2001). Intermodale Wahrnehmung, in: Neubauer, J. [Hrsg.]. Nebensache Musik, Beiträge zur Musik in Film und Fernsehen, Hamburg: von Bockel, S. 105-129.

Kroeber-Riel, W. (1977). Werbung mit Emotionen – neue Ergebnisse eines *Forschungsprogrammes*, ZV + ZV, 11/1977, S. 442.

Kroeber-Riel, W. (1996). Bildkommunikation. Imagerystrategien für die Werbung, München: Vahlen.

Kroeber-Riel, W. & Esch, F.R. (2000). Strategie und Technik der Werbung. Verhaltenswissenschaftliche Ansätze, Stuttgart [u.a.]: Kohlhammer.

Kroeber-Riel, W. & Meyer-Hentschel, G. (1982). Werbung. Steuerung des Konsumentenverhaltens, Wien [u.a.]: Physica.

Kroeber-Riel, W. & Weinberg, P. (2003). Konsumentenverhalten, München: Vahlen.

Krüger, P.A. (2007). Auf Schleichwegen ins Unterbewusstsein, Süddeutsche Zeitung, 22. Februar.

Krugmann, D. (2007). Integration akustischer Reize in die identitätsbasierte Markenführung, in: Burmann, C. [Hrsg.]. Lehrstuhl für innovatives Markenmanagement, Arbeitspapiere, 27.

Krugmann, D. (2008). Podcasting - Marketing für die Ohren: mit Podcasts innovativ werben, die Marke stärken und Kunden rund um die Uhr erreichen, Wiesbaden: Gabler.

Lachmann, U. (2003). Wahrnehmung und Gestaltung von Werbung, Hamburg: Gruner + Jahr.

Lageat, T. & Larrard, B. (2003). Sensory Marketing: Designing pleasurable products. Courtaboeuf: Eurosyn

Lang, F. & Lang, P.A. (2007). Basiswissen Physiologie, Heidelberg: Springer-Medizin.

Lange, E.B. (2005). Musikpsychologische Forschung im Kontext Allgemeinpsychologischer Gedächtnismodelle, in: De la Motte, H. & Rötter, G.

[Hrsg.]. Handbuch der systematischen Musikwissenschaft: Musikpsychologie, Bd.3, S. 74-100.

Langenmaier, A.V. [Hrsg.]. Der Klang der Dinge: Akustik – eine Aufgabe des Design, München: Schreiber.

Langner, T. (2003). Integriertes Branding. Baupläne zur Gestaltung erfolgreicher Marken, Wiesbaden: Dt. Univ.-Verlag.

Lanza, J. (2004). Elevator music. A surreal history of Musak, easy listening, and other moodsong, Ann Arbor: Univ. of Michigan Press.

Lasswell, H.D. (1967). Structure and Function of communication in Society, in: Berelson, B., Janowitz, M [Hrsg.]. Reader in Public Opinion and Communication, New York: Free Press [u.a.].

Lehmann, A.C. & Chaffin, R. (2009). Erinnern und Wiedererkennen: Auswendig- und Vomblattspiel, in: Bruhn, H./ Kopietz, R./Lehmann, A.C.[Hrsg.]. Musikpsychologie: Das neue Handbuch, Reinbek bei Hamburg: Rowohlt, S. 354-373.

Lehmann, M. (2007). Voice-Branding – Die Stimme in der Markenkommunikation, München: Fischer.

Lehmann, M. (2009). Die Stimme im Markenklang, in: Bronner, K. & Hirt, R. [Hrsg.]. Audio-Branding. Entwicklung, Anwendung, Wirkung akustischer Identitäten in der Werbung, Medien und Gesellschaft, Baden-Baden: Nomos, S. 97-101.

Lepa, S. & Daschmann, G. (2009). IEMS – ein indirektes Messverfahren zur Evaluation von Sound-Logos, in: Bronner, K. & Hirt, R. [Hrsg.]. Audio-Branding. Entwicklung, Anwendung, Wirkung akustischer Identitäten in der Werbung, Medien und Gesellschaft, Baden-Baden: Nomos, S. 141-158.

Leuchtmann, H., Münster, R. [Hrsg.] (1984). Ars Iocundissima. Festschrift für Kurt Dorfmüller zum 60. Geburtstag, Tutzing: Schneider.

Loeber, M. (2009). Akustische Marke oder Hörmarke? Rechtliche Einordnung und Vergütungsmodelle, in: Bronner, K., Hirt, R. [Hrsg.]. Audio-Branding. Entwicklung, Anwendung, Wirkung akustischer Identitäten in der Werbung, Medien und Gesellschaft, Baden-Baden: Nomos, S. 199-213.

Lola Planet audio consulting (o. J.). Audio Branding – Markenführung mit Klang. http://www.audiostore.de/lopac/audio-branding.pdf [Zugriff: 29.12.2010]

Lotter, W. (2010). Vergesst Opel, brand eins, 02/2010, S., 72-73.

Louven, C. (1998). Die Konstruktion von Musik. Theoretische und experimentelle Studien zu den Prinzipien der musikalischen Kognition, Systemische Musikwissenschaft, 1, Frankfurt am Main [u.a.]: Peter Lang.

Louven, C. (2005). Reiz- und wissensgeleitete harmonische Informationsverarbeitung, De la Motte, H., Rötter [Hrsg.]. Musikpsychologie. Handbuch der systematischen Musikwissenschaft, Bd. 3, Laaber: Laaber-Verlag, S. 208-230.

Maepel, H.J., Weinzierl, S., Kaminski, P. (2008). Audiobearbeitung, in: Weinzierl, S. [Hrsg.]. Handbuch der Audiotechnik, Berlin [u.a.]: Springer, S. 719-784.

Marks, L.E. (1978). The unity of the senses. Interrelations among the modalities, New York [u.a.]: Academic Press.

Mayer, H., Illmann, T. (2000). Markt- und Werbepsychologie, Stuttgart: Schäffer-Poeschel.

McGurk, H. & McDonald, J. (1976). hearing lipps and seeing voices, Nature, 264, S. 746-748.

Meffert, H. & Burmann, C. (2002). Theoretisches Grundkonzept der identitätsorientierten Markenführung, in: Meffert, H., Burmann, C., Koers, M. [Hrsg.]. Markenmanagement. Grundfragen der identitätsorientierten Markenführung, Wiesbaden: Gabler, S. 35-72.

Meffert, H., Burmann, C., Koers, M. [Hrsg.] (2002). Markenmanagement. Grundfragen der identitätsorientierten Markenführung, Wiesbaden: Gabler.

Meffert, H., Schneider, H., Ebert, C. (2002). Markenführung im Rahmen des Going International – Das Beispiel Deutsche Post EURO EXPRESS, in: Meffert, H., Burmann, C., Koers, M. [Hrsg.]. Markenmanagement. Grundfragen der identitätsorientierten Markenführung, Wiesbaden: Gabler, S. 613-644.

Meißner, R. (1974). Mendelssohns Söhnlein. Musik in der Fernsehwerbung, Musik und Bildung, 6, S. 305-307.

Melzer-Lena, B. & Barlovic, I. (1999). Starke Jugendmarken leben ihre eigene Welt vor, Markenartikel, 61 (5), S. 24-35.

Meta Design (2005). When Technology meets Creativity - Branding and Corporate Sound, http://www.twanetwerk.nl/upl_documents/Knewitz_presentation.pdf [Zugriff: 29.12.2010]

Meta Design (2007). Themendienst 01,

http://www.metadesign.de/download/news/MD_Themendienst_CS.pdf [Zugriff: 29.12.2010]

Metzger, W. (1968). Gestaltwahrnehmung, in: Stadler, M., Crabus, H.[Hrsg.] (1986). Gestalt-Psychologie. Ausgewählte Werke aus den Jahren 1950-1982, Frankfurt a. Main: Kramer, S. 322-345.

Möll, T. (2007). Messung und Wirkung von Markenemotionen. Neuromarketing als neuer verhaltenswissenschaftlicher Ansatz, Wiesbaden: Deutscher Universitäts-Verlag.

Moormann, P. [Hrsg.] (2010). Musik im Fernsehen. Sendeformen und *Gestaltungsprinzipien*, Wiesbaden: Verlag für Sozialwissenschaften.

Moray, N. (1959). Attention in dichotic listening: Affective cues and the *influence* of instructions, The Quarterly Journal of Experimental Psychology, 11 (1), S. 56-60.

Moser, K. (1987). Die Rolle der Musik in der Werbung. Mit einer Untersuchung zur Erfassung assoziativer und gefühlsmäßiger Wirkungen, Salzburg, Diss.

Moser, K. [Hrsg.] (2007). Wirtschaftspsychologie, Heidelberg: Springer.

Möser, M. [Hrsg.] (2010). Messtechnik der Akustik, Berlin [u.a.]: Springer.

Müllensiefen, D. (2004). Variabilität und Konstanz von Melodien in der *Erinnerung*: Ein Beitrag zur musikpsychologischen Gedächtnisforschung, Hamburg, Diss.

Nölke, S.V. (2009). Das 1x1 des Audio-Marketings: Der Navigator für Audio-Branding und Audio-Interface-Design, Köln: Edition Comevis.

Park, C.W. & Young, S.M. (1986). Consumer response to television *commercials*: the impact of involvement and background music on brand attitude formation, Journal of marketing research, 23, S. 11-24.

Peretz, I., Gaudreau, D., Bonnel, A.M. (1998). Expsure Effects on Music *Preference* and Recognition, Memory & Cognition, 26, S. 884-902.

Peters, L. (2008). Werbung in Radioprogrammen, in: Schramm, H. [Hrsg.]. Musik *im* Radio. Rahmenbedingungen, Konzeption, Gestaltung, Wiesbaden: Verlag für Sozialwissenschaften, S. 65-84.

Pierce, J.R. (1999). Klang. Musik mit Ohren der Physik, Heidelberg [u.a.]: *Spektrum*.

Priewe, J. & Tümmers, D. [Hrsg.] (2007). Kompendium Vorklinik – GK1, *Heidelberg*: Springer.

Prinz, W. [Hrsg.] (1994). Kognition, 1, in: Birbaumer, N. [Hrsg.]. Enzyklopädie *der* Psychologie, Themenbereich C, Theorie und Forschung, Serie 2, Göttingen [u.a.]: Hogrefe.

Raffaseder, H. (2002). Audiodesign, Wien [u.a.]: Hanser.

Ragetté, D. (2007). Visual Transfer. Radio erzeugt Bilder im Kopf. Oder: Wie *Ohren* zu Augen werden, Marktforschung & Media-Service, Wien, http://www.rmsaustria.at/fileadmin/download/rms/marktforschung/studien/vt_artikel_dr1.pdf [Zugriff: 29.12.2010].

Rauhe, H. (1978). Grundlagen der Antriebsförderung durch Musik, in: Revers, W.J., Rauhe, H. [Hrsg.]. Musik, Intelligenz, Phantasie, Salzburg: Müller, S. 55-74.

Reinecke, H.P. (1967). Über Allgemein-Vorstellungen von der Musik. Eine experimentelle Untersuchung musikalischer Stereotype mit der Methode des Polaritäts-Profils, in: Rösing, H. [Hrsg.]. Rezeptionsforschung in der Musikwissenschaft, Darmstadt: WBG, S. 243-256.

Reuter, C. (1995). Der Einschwingvorgang nichtperkussiver Musikinstrumente. Auswertung physikalischer und psychoakustischer Messungen, Frankfurt am Main [u.a.]: Lang.

Reuter, C. (1996). Die auditive Diskrimination von Orchesterinstrumenten. Verschmelzung und Heraushörbarkeit von Instrumenalklangfarben im Ensemblespiel, Frankfurt am Main [u.a.]: Lang.

Reuter, C. (2002). Klangfarbe und Instrumentation. Geschichte – Ursachen – Wirkung, Systemische Musikwissenschaft, 5, Frankfurt am Main [u.a.]: Lang.

Reuter, C. (2005). Klangfarbe. Beziehungen zur Tonhöhe und Lautstärke – Merkmale der Mehrdimensionalität, in: De la Motte, H. [Hrsg.]. Musikpsychologie, Handbuch der systematischen Musikwissenschaft, Bd. 3, Laaber: Laaber-Verlag, S. 250-262.

Reuter, C. (2010). Physiologische und psychoakustische Grundlagen der Hörwahrnehmung, Skript zum Proseminar, Musikwissenschaftliches Institut Wien, http://homepage.univie.ac.at/christoph.reuter/ps-psychoakustik/auditory_path.pdf [Zugriff: 29.12.2010].

Revers, W.J., Rauhe, H. [Hrsg.] (1978). Musik, Intelligenz, Phantasie, Salzburg: Müller.

Riccó, D. & Guerini, S. (2002). Synesthetik design. The laboratory of basic design as place of experimentation on the intersensory correspondences,

Poster presented at the International Multisensory Research Forum, Geneva.

Rigg, M.G. (1983). Die Stimmungseffekte von Musik: ein Vergleich der Daten von vier Forschern, in: Rösing, H. [Hrsg.]. Rezeptionsforschung in der Musikwissenschaft, Darmstadt: WBG, S. 226-242.

Ringe, C. (2005). Audio Branding. Musik als Markenzeichen von Unternehmen, Berlin: VDM.

Roederer, J. (1977). Physikalische und psychoakustische Grundlagen der Musik, Berlin [u.a.]: Springer.

Roederer, J. (2000). Physikalische und psychoakustische Grundlagen der Musik, Berlin [u.a.]: Springer.

Rösing, H. [Hrsg.] (1983). Einleitung: Rezeptionsforschung in der Musikwissenschaft, in: ders. Rezeptionsforschung in der Musikwissenschaft, Darmstadt: WBG, S. 1-22.

Rösing, H. (1993). Musikalische Ausdrucksmodelle, in: Bruhn, H., Oerter, R., Rösing, H. [Hrsg.]. Musikpsychologie. Ein Handbuch, Reinbek bei Hamburg: Rowohlt, S. 579-588.

Rösing, H. [Hrsg.] (1994). Grundlagen, Theorien, Perspektiven, Arbeitskreis Studium Populärer Musik, Beiträge zur Popularmusikforschung 14, Hamburg: ASPM.

Rösing, H. (2002b). Sonderfall Abendland, in: Bruhn, H., Oerter, R., Rösing, H. [Hrsg.]. Musikpsychologie. Ein Handbuch, Reinbek bei Hamburg: Rowohlt. S. 74-86.

Rösing, H. (2002c). Musik im Alltag, in: Bruhn, H., Oerter, R., Rösing, H. [Hrsg.]. Musikpsychologie. Ein Handbuch, Reinbek bei Hamburg: Rowohlt. S. 113-129.

Rösing, H. (2003). Bilderwelt der Klänge - Klangwelt der Bilder. Beobachtungen zur Konvergenz der Sinne, in: Helms, D. & Phelps, T. [Hrsg.]. Clipped differences. Geschlechterrepräsentationen im Musikvideo, Beiträge zur Popularmusikforschung, 31, Bielefeld: Transcript, S. 9-26.

Rösing, H. & Bruhn, H. [Hrsg.] (1998). Musikwissenschaft, in: Musikwissenschaft. Ein Grundkurs, Reinbek bei Hamburg: Rowohlt, S. 9-22.

Rösing, H. & Phelps, T. [Hrsg.] (2000). Populäre Musik im kulturwissenschaftlichen Diskurs, Beiträge zur Popularmusikforschung, 25/26, Karben: CODA.

Rösing, H. & Roederer J. (1985). Musik in der Entwicklung der Menschheit, in: Bruhn, H., Oerter, R., Rösing, H. [Hrsg.]. Musikpsychologie. Ein

Handbuch in Schlüsselbegriffen, München: Urban & Schwarzenberg, S. 351-358.

Roth, S. (2005). Akustische Reize als Instrument der Markenkommunikation, Wiesbaden: Dt. Univ.-Verlag.

Rötter, G. (2005a). Anatomie und Physiologie des Ohrs, in: De la Motte, H. & Rötter G. [Hrsg.]. Musikpsychologie. Handbuch der systematischen Musikwissenschaft, Bd. 3, Laaber: Laaber-Verlag, S. 33-39.

Rötter, G. (2005b). Musik und Emotion, in: De la Motte, H. & Rötter G. [Hrsg.]. Musikpsychologie. Handbuch der systematischen Musikwissenschaft, Bd. 3, Laaber: Laaber-Verlag, S. 268-338.

Rudolph, A. (1993). Akustik Design. Gestaltung der akustischen Umwelt, Frankfurt am Main [u.a.]: Lang.

Rumelhart, D. E., & Norman, D. A. (1978). Accretion, tuning and restructuring: Three modes of learning, in: Cotton, J. W. & Klatzky, R. [Hrsg.]. Semantic factors in cognition, Hillsdale: Erlbaum, S. 37-53.

Samland, B.M. (2006). Unverwechselbar. Name, Claim und Marke. Strategien zur Entwicklung erfolgreicher Markennamen und Claims, Freiburg im Breisgau [u.a.]: Haufe.

Schafer, M. (1977). The tuning of the world, New York: Knopf.

Schafer, M. (1988). Klang und Krach. Eine Kulturgeschichte des Hörens, Frankfurt am Main: Athenräum.

Schafer, M. (1993). Soundscape. Design für Ästhetik und Umwelt, in: Langenmaier, A.V. [Hrsg.]. Der Klang der Dinge: Akustik – eine Aufgabe des Design, München: Schreiber, S. 10-27.

Schlemm, W. (1997). Musikproduktion, in: Finscher, L. [Hrsg.]. Musik in Geschichte und Gegenwart, Sachteil, 6, Kassel [u.a.]: Bärenreiter [u.a.], Sp. 1536- 1551.

Schlemmer, M. (2005). Audiovisuelle Wahrnehmung. Die Konkurrenz und Ergänzungssituation von Auge und Ohr bei zeitlicher und räumlicher Wahrnehmung, in: De la Motte, H. & Rötter, G.: Handbuch der systematischen Musikwissenschaft. Musikpsychologie, Bd. 3, Laaber: Laaber Verlag., S. 173-184.

Schmicking, D. (2003). Hören und Klang. Empirisch phänomenologische Untersuchungen, Würzburg: Königshausen und Neumann.

Schmidt, R.F. [Hrsg.] (2007). Physiologie des Menschen. Mit Pathophysiologie, Heidelberg: Springer.

Schön, M. (2007). Medizinische Psychologie und Soziologie, Kompendium Vorklinik – GK1, Heidelberg: Springer.

Schönberger, J. (2006). Musik und Emotionen. Grundlagen, Forschung, Diskussion, Saarbrücken: Müller.

Schramm, H. [Hrsg.]. Musik im Radio. Rahmenbedingungen, Konzeption, Gestaltung, Wiesbaden: Verlag für Sozialwissenschaften.

Schröger, E., Kaerbach, C., Schönwieser, M. (2002). Auditive Wahrnehmung und multisensorische Verarbeitung, in: Müsseler, J. & Prinz, W. [Hrsg.]. Allgemeine Psychologie, Heidelberg [u.a.]: Spektrum, S. 67-117.

Schubart, C.F.. (1806). Ideen zu einer Ästhetik der Tonkunst, Wien: Degen.

Schulter, E. (2001). Musik in der Hörfunkwerbung. Experimentelle Untersuchung der emotionalen Wirkung von Musik auf die Produktbeurteilung, Universität Wien, Diss.

Schulze, H. [Hrsg.] (2008). Sound studies. Traditionen – Methoden – Desiderate; eine Einführung, Bielefeld: Transcript.

Schweiger, G. & Schrattenecker, G. (2005). Werbung. Eine Einführung, Stuttgart: Lucius & Lucius.

Serong, D. (2008). Mit den ersten Tönen muss man es wissen, Cinema Musica, 12, S. 30-33.

Shannon, C.E. (1949). A Mathematical Theory of Communication, The Bell System Technical Journal, 27, S. 379-423, 623-656. http://cm.belllabs.com/cm/ms/what/shannonday/shannon1948.pdf [Zugriff: 13.09.2010]

Shannon, C.E. & Weaver, W. (1949). The mathematical theory of communication, Urbana [u.a.]: Univ. of Illinois Press.

Sommer, R. (1998). Psychologie der Marke. Die Marke aus der Sicht des Verbrauchers, Frankfurt am Main: Dt. Fachverlag.

Spehr, G. [Hrsg.] (2009): Funktionale Klänge. Hörbare Daten, klingende Geräte und gestaltete Hörerfahrung, Bielefeld: Transcript.

Spitzer, M. (2007). Musik im Kopf. Hören, Musizieren, Verstehen und Erleben im neuronalen Netzwerk, Stuttgart [u.a.]: Schattauer.

Steiner, P. (2009). Sound Branding. Grundlagen der akustischen Markenführung, Wiesbaden: Gabler.

Steinhagen, C. (2008). Audio Branding. Akustische Markenkommunikation unter besonderer Berücksichtigung musikpsychologischer Aspekte, Saarbrücken: Müller.

Stoffer, T. (1997). Strukturmodelle, in: Bruhn, H. [Hrsg.]. Musikpsychologie. Ein Handbuch, Reinbek bei Hamburg: Rowohlt.

Stoffer, T. (1998). Wahrnehmung und Strukturmodelle, in: Finscher, L. [Hrsg.]. Musik in Geschichte und Gegenwart, Sachteil 9, Kassel [u.a.]: Bärenreiter [u.a.], Sp. 1855-1861.

Stoffer, T., Oerter, R. [Hrsg.] (2005a). Allgemeine Musikpsychologie, Bd. 1, in: Birbaumer, N. [Hrsg.]. Enzyklopädie der Psychologie, Themenbereich D, Serie 7, Göttingen [u.a.]: Hogrefe.

Stoffer, T., Oerter, R. [Hrsg.] (2005b). Spezielle Musikpsychologie, Bd. 2, in: Birbaumer, N. [Hrsg.]. Enzyklopädie der Psychologie, Themenbereich D, Serie 7, Göttingen [u.a.]: Hogrefe.

Strötgen, S. (2010). Die zarteste Versuchung, wenn´s um Geld geht. Musik in der Fernsehwerbung, in: Moormann, P. [Hrsg.]. Musik im Fernsehen. Sendeformen und Gestaltungsprinzipien, Wiesbaden: Verlag für Sozialwissenschaften, S. 105-134.

Tauchnitz, J. (1990). Werbung mit Musik: theoretische Grundlagen und experimentelle Studien zur Wirkung von Hintergrundmusik in der Rundfunkt- und Fernsehwerbung, Konsum und Verhalten, 24, Heidelberg: Physica.

Tauchnitz, J. (2001). Musik in der Werbung. State of the art, in: Neubauer, J. & Wenzel, S. [Hrsg.]. Nebensache Musik. Beiträge zur Musik in Film und Fernsehen, Hamburg: von Bockel, S. 83-104.

Tauchnitz, J. (2002). Wirkung der Werbung, in: Bruhn, H., Oerter, R., Rösing, H. [Hrsg.]. Musikpsychologie. Ein Handbuch, Reinbek bei Hamburg: Rowohlt, S. 168-174.

Tauchnitz, J. (2005). Musik in Werbung und Konsum, in: Stoffer, T., Oerter, R. [Hrsg.]. Spezielle Musikpsychologie, Göttingen [u.a.]: Hogrefe, S. 699-720.

Taylor, T.D. (2003). Music and Advertising in Early Radio, ECHO: a music-centered journal, 5 (2), http://www.echo.ucla.edu/volume5-issue2/taylor/taylor.pdf [Zugriff: 13.09.2010].

Terhardt, E. (1998). Akustische Kommunikation. Berlin [u.a.]: Springer.

Terhardt, E. & Stoll, G. (1981). Skalierung des Wohlklangs (der sensorischen Konsonanz) von 17 Umweltschallen und Untersuchung der beteiligten Hörparameter, Acoustica, 48, S. 247-253.

Treisman, A.M. (1960). Contectual cues in selective listening, Quarterly Journal of Experimental Psychology 12 (4). S. 242-248.

Treisman, A.M. (1964a). Selective Attention in man, British medical bulletin, 20 (1), London Oxford: Oxford University Press, S. 12-16.

Treisman, A.M. (1964b). Verbal cues, Language, and meaning in selective attention, American Journal of Psychology, 77, S. 206-219.

Trimmel, M. (1990). Angewandte und experimentelle Neuropsychophysiologie, Lehr- und Forschungstexte Psychologie, 35, Berlin [u.a.]: Springer, S. 335 – 413.

Vinh, A.L. (1994). Die Wirkungen von Musik in der Fernsehwerbung, St. Gallen, Diss.

Vogl, W. (2008). Eine interaktive räumliche Benutzerschnittstelle für die Programmierung von Industrierobotern, München: Herbert Utz.

Walewski, M. (2000). Musik in der Fernsehwerbung. Eine empirische Untersuchung des durch TV-Werbemusik ausgelösten Wirkungsprozesses, Münster, Diss.

Waterman, M. (1996). Emotional responses to music: implicit and explicit effects in listeners and performers, Psychology of Music 24, S. 53-67.

Weinberg, P. & Diehl, S. (2001). Aufbau und Sicherung von Markenbindung unter schwierigen Konkurrenz- und Distributionsbedingungen, in: Köhler R., Majer W., Wiezorek H. [Hrsg]. Erfolgsfaktor Marke: Neue Strategien des Markenmanagements, München: Vahlen, S. 23-35.

Weinberg, P. & Diehl, S. (2005). Erlebniswelten für Marken, in: Esch, F.R. [Hrsg.]. Moderne Markenführung: Grundlagen, Innovative Ansätze, Praktische Umsetzungen, Wiesbaden: Gabler, S. 263-286.

Weinberger, N.M. (1995). Dynamic regulation of receptive fields and maps in the adult sensory cortex. Annual Review of Neuroscience, 18, 129–158.

Weinberger, N.M. (1999). Music and the Auditory System, in: Deutsch, D. The psychology of music, San Diego [u.a.]: Academic Press, S. 47-88.

Welsch, W. (1993). Auf dem Weg zu einer Kultur des Hörens, in: Langenmaier, A.V. [Hrsg.]. Der Klang der Dinge: Akustik – eine Aufgabe des Design, München: Schreiber, S. 86-112.

White, B.W. (1960). Recognition of distorted melodies, American Journal of Psychology, 73, S. 100-107.

WienTourismus (2010a). Marketingkonzept 2010,

http://b2b.wien.info/media/files-b2b/marketing2010_marke.pdf [Zugriff: 24.11.2010].

WienTourismus (2010c). Brandmanagement & Internationale Werbung. Marken-Manual, http://b2b.wien.info/media/filesb2b/markenmanual.pdf [Zugriff: 21.09.2010].

WienToursimus (2010b). CD-Manual. Richtlinien für den visuellen Auftritt des WienTourismus, http://b2b.wien.info/media/files-b2b/cd-manual.pdf [21.09.2010].

Winkelhaus, E. (2004). Zur kognitionspsychologischen Begründung einer systematischen Melodielehre, Frankfurt am Main [u.a.]: Lang.

Winkelhaus, E. (2009). Schwerpunkt: Akustische Täuschungen. Der Drang nach Ordnung erleichtert das Hören, WDR – Leonardo – Wissenschaft und mehr.

http://www.wdr5.de/fileadmin/user_upload/Sendungen/Leonardo/2009/11/Manuskripte/ms091111AkustischeTaeuschung.pdf [Zugriff: 13.09.2010].

Wüsthoff, K. (1999). Die Rolle der Musik in der Film-, Funk- und Fernsehwerbung, Kassel: Merseburger.

Zager, M. (2003). Writing music for television and radio commercials. A manual for composers and students, Lanham[u.a.]: Scarecrow Press.

Zenner, H.P.[Hrsg.] (1994). Physiologie der Sinne, Heidelberg: Spektrum.

Zwicker, E. (1982). Psychoakustik, Berlin [u.a.]: Springer.

Zwicker, E. & Fastl, H. (1999). Psychoacoustics. Facts and models, Berlin [u.a.]: Springer.

Onlinequellen

Chartplatzierung „Summer Dreamin“,

http://austriancharts.at/showitem.asp?interpret=Kate+Yanai&titel=Bacardi+Feeling+%28Summer+Dreamin%27%29&cat=s [Zugriff: 22.09.2010].

HABM. Anmeldung einer Gemeinschaftsmarke,

http://oami.europa.eu/ows/rw/pages/CTM/protection/theCTM.de.do [Zugriff: 07.10.2010].

HABM. Fragen zu den Gebühren und deren Zahlungsmodalitäten,

http://oami.europa.eu/ows/rw/pages/CTM/FAQ/CTM3.de.do[Zugriff: 21.05.2010].

Haribo Analyse

http://www.sfxnews.de/index.php?id=6&tx_articleteaser_pi1[uid]=121 [Zugriff: 04.10.2010].

Internationale Bezeichnungen der Eismarken,
http://www.loveicecream.com/?site=global [Zugriff: 30.09.2010].

RMS. RMS-Radio erzeugt Bildwelten,
http://www.rms.de/forschung/forschung/kreation/radio-erzeugt-bilderwelten/[Zugriff: 21.10.2010].

Schneekoppe-Ruf 2010
http://www.rms.de/rms-kreation/rms-kreation-cases/[Zugriff: 04.10.2010].

Siemens Soundground. Siemens Brand music 2010,
http://www.youtube.com/watch?v=qwBdtghMlpM [Zugriff: 11.01.2011].

Soundlogo Wien,
http://www.wien.info/de/musik-buehne/sound-logo [Zugriff: 21.09.2010].

Titelmelodien der Tagesschau seit 1952,
http://www.tagesschau.de/download4.html [Zugriff: 21.10.2010].

University of Minnesota: Media History Project,
http://www.mediahistory.umn.edu/timeline/1920-1929.html [Zugriff: 23.11.2010].

Wheaties Frühstücksflocken,
http://www.mediahistory.umn.edu/timeline/1920-1929.html [Zugriff: 30.09.2010].

Wien. Die Marke Wien,
http://b2b.wien.info/media/files-b2b/marketing2010_marke.pdf [Zugriff: 21.09.2010].

Wien. Marketingkonzept 2010 inklusive Beilagen,
http://b2b.wien.info/media/filesb2b/marketing2010_version_final.pdf [Zugriff: 21.09.2010].

Anhang

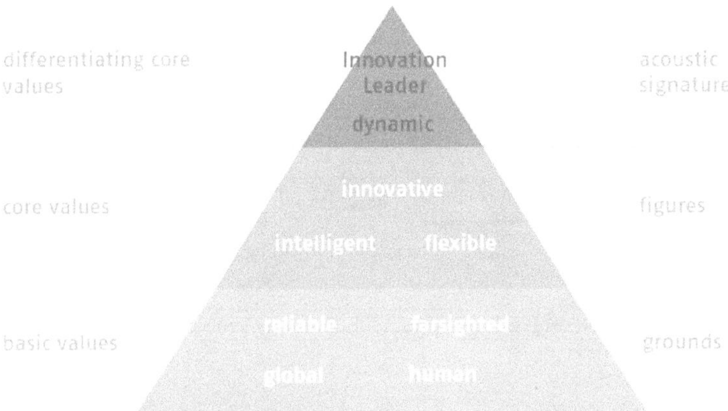

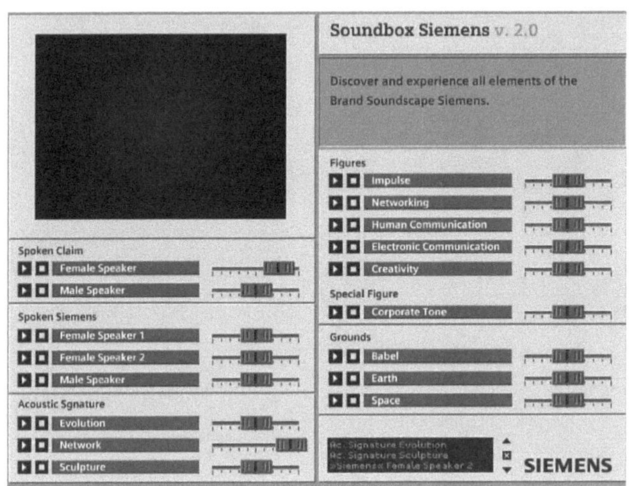

Quelle: http://www.k3-sonic-factory.de/showreel/ref/soundbox_2_0.swf, MetaDesign 2005, Siemens Soundbox

Beim HABM eingetragener Hörmarken

Quelle:
http://oami.europa.eu/CTMOnline/RequestManager/de_SearchAdvanced_NoReg

1. Allianz *(mehrstimmige Version)*

2. Audi

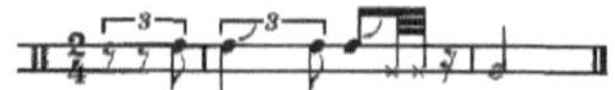

3. Commerzbank

4. Danone

5. Intel *(unterschiedliche Gestalten eingetragen)*

6. Lufthansa

7. McDonald´s

8. Olympus

9. Philips

10. Siemens

11. Telekom

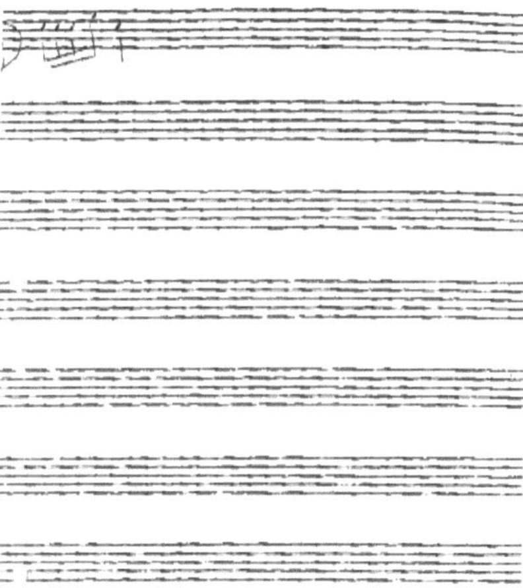

12. Zott